서울대 교수와 함께하는
10대를 위한 교양 수업

❾ 장구 교수님이 들려주는 수의학 이야기

글 장구, 박여운 | 그림 신병근

기획의 글

단 한 번의 특별한 지식 여행

'서울대 교수와 함께하는 10대를 위한 교양 수업'은 배움의 뜻을 품고 자신의 길을 찾아 떠나는 10대를 위한 지식 교양 도서입니다.

꿈을 찾고, 꿈을 키우고, 꿈을 이루는 것은 저절로 되지 않습니다. 내가 무엇을 좋아하는지, 내가 어떨 때 행복한지, 내가 무엇을 하고 싶은지 깊이 생각하고 깨닫는 경험이 필요합니다. '서울대 교수와 함께하는 10대를 위한 교양 수업'은 그 깨달음의 기회를 전하고자 기획되었습니다.

이 시대 최고의 멘토가 함께합니다.

'서울대 교수와 함께하는 10대를 위한 교양 수업'은 단순한 지식 교양 도서가 아닙니다. 자신의 관심과 재능을 되돌아보고 보다 구체적인 꿈을 그리도록 안내합니다. 더 넓은 세상, 더 큰 배움의 세계로 나아가기 위해 꼭 필요한 지식과 가르침을 전할 최고의 멘토, 서울대 교수님들이 함께합니다.

지식이 꿈으로 이어집니다.

　알면 보인다는 말처럼 새롭게 알게 된 것에서 꿈을 찾을 수 있습니다. 어떤 친구는 평소에 관심 있던 분야에서, 또 어떤 친구는 전혀 관심 없던 분야에서 자신의 꿈을 마주할 것입니다. 지금 관심이 집중되는 몇몇 분야의 지식만이 아니라, 인류가 오랜 세월 축적해 온 문화와 역사에 대한 방대한 지식들은 여전히 배우고 연구할 가치가 있습니다. '서울대 교수와 함께하는 10대를 위한 교양 수업'은 폭넓은 시선으로 살아 있는 지식을 전합니다.

　배움은 그 자체로 즐거운 일입니다. 일찌감치 꿈을 정하고 키워 가는 친구, 이제 막 꿈을 꾸기 시작한 친구 그리고 아직 어떤 꿈도 정하지 못한 친구도 괜찮습니다. '서울대 교수와 함께하는 10대를 위한 교양 수업'이 안내할 지식 여행을 통해 여러분의 꿈에 조금씩 다가가길 바랍니다.

이 책을 읽는 10대에게

안녕하세요 서울대학교 수의학과에서 동물을 진료하고 연구하는 장구 교수입니다. 아마도 이 책을 읽는다는 것은 동물에 관심이 있거나 수의사가 되고 싶은 거겠죠? 저는 사람들에게 종종 물어봅니다. 당신에게 동물은 어떤 의미가 있나요?

10대인 여러분들은 동물이라고 하면 반려동물을 떠올릴 것 같습니다. 어떤 사람들은 개에게 물린 기억이 있어 무서워서 가까이 가지 못하기도 하고, 어릴 때 반려동물이 죽는 모습을 봐서 슬픈 기억이 날 수도 있을 것 같습니다. 나아가 반려동물 털에 알르레기가 있어서 좋아하지만 만질 수 없는 안타까운 경우도 있겠지요. 반면 반려동물로서 일반적으로 알려진 개와 고양이가 아닌 토끼, 햄스터 등 특수한 동물을 생각하는 사람도 있을 수 있을 겁니다.

이렇게 반려동물만 생각해도 각자 떠올리는 기억과 의미가 다양합니다. 저처럼 동물을 치료하고, 연구하는 수의학 분야에 있는 사람에게는 동물의 의미가 더 많습니다. 당연하겠죠?

인간은 동물 없이는 살아갈 수 없을 거라고 생각해요. 수만 년에 걸쳐서 인류는 야생에 있는 동물들을 가축화하여 키우면서 상호 공존하고 있기 때문입니다. 특히 식량 자원이 되고 있는 염소, 돼지, 소, 닭 등과 같은 농장 동물이 없다면 어떻게 될까요? 심지어 식량 자원으로 생각했던 돼지는 일반적인 통념을 넘어서, 사람에게 장기까지 제공해 주고 있습니다. 2024년 말에 돼지 신장을 이식 받은 미국의 한 여성은 아직도 건강하게 살아가고 있다고 합니다.

만약 여러분이 수의학 분야의 진로에 관심이 있다면 좀 더 넓은 시야로 동물의 존재를 생각하고, 지구의 구성원인 그들의 건강과 복지에 대해 함께 고민해 주길 바랍니다.

먼 훗날 여러분들이 대학에 가고, 어른이 되어서 동물과 관련된 일을 한다면 아마도 이 책에 나와 있는 내용이 도움이 될 것입니다. 여러분이 이 책을 재미있게 읽고 동물의 다양한 의미를 생각해 보았으면 좋겠습니다.

동물과 사람은 더불어 살아가야 하는 존재이니, 함께 건강하고 행복하길 바랍니다.

장구(서울대학교 수의학 대학 교수)

차례

기획의 글 · · · · · 4

이 책을 읽는 10대에게 · · · · · 6

1장 우리가 잘 모르는 수의학의 세계 · · · · · 14

- 아빠 수의사잖아
- 동물의 세계
- 동물과 사람 모두를 위해서
- 운명의 순간
- 수의학의 범위
- Q&A

2장 우리 곁의 동물 친구들 ····· 38

- 아주 특별한 치료사들
- 예민한 감각을 가진 동물들
- 춤추는 고양이 병?
- 인간과 동물의 건강은 연결된다!
- Q&A

3장 인간을 살린 동물들 ····· 64

- 뉴욕 도그(?) 발토와 토고
- 인슐린 발견의 숨은 공로견
- 실험동물의 대표 주자 마우스
- 햄스터와 코로나 백신
- Q&A

4장 인간과 함께한 동물 실험의 역사 ····· 88

- 동물 해부로 인간의 몸을 이해했다고?
- 인류 최초의 백신, 종두법
- 파스퇴르의 공개 동물 실험
- 동물 실험은 꼭 필요할까?
- 동물 실험이 없으면…
- Q&A

5장 내 반려견을 복제할 수 있다면 ····· 116

- 동물 복제란?
- 복제 양 돌리의 탄생
- 동물 복제가 가져다줄 희망
- 죽은 반려동물을 복제할 수 있다면?
- 특별한 나의 첫 반려견
- Q&A

6장 진화하는 수의학 ····· 144

- 동물의 희생을 줄이려는 노력
- 체세포 복제 시대
- 멸종 위기 동물 복제
- 모두가 행복한 원헬스
- Q&A

동물을 돌보고 연구하는 수의학자이다.
동물의 병을 연구하는 건 인간과 지구 공동체를
지키는 일이라고 생각한다.

지유

호기심이 많아 독특하고 무섭게 생긴 파충류를 좋아한다. 남동생이 도마뱀을 보고 질겁하는 걸 은근히 즐긴다.

은우

소심하고 겁이 많아 동물을 좋아하면서도 가까이 가지 못한다. 언젠간 고양이 집사가 되는 걸 꿈꾼다.

1장 우리가 잘 모르는 수의학의 세계

- 아빤 수의사잖아
- 동물의 세계
- 동물과 사람 모두를 위해서
- 운명의 순간
- 수의학의 범위

아빤 수의사잖아

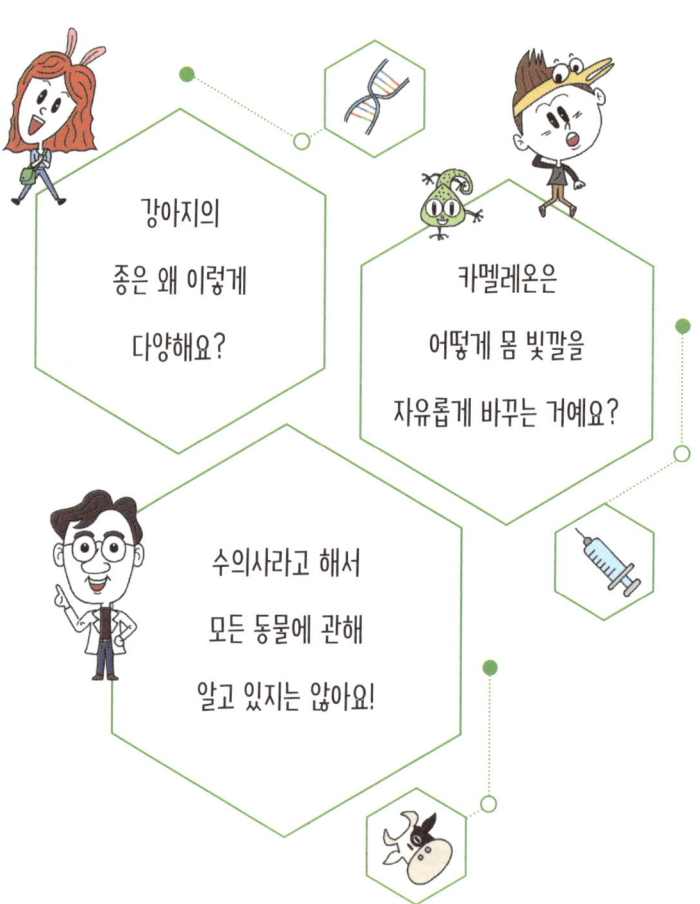

강아지의 종은 왜 이렇게 다양해요?

카멜레온은 어떻게 몸 빛깔을 자유롭게 바꾸는 거예요?

수의사라고 해서 모든 동물에 관해 알고 있지는 않아요!

"방송국 기자입니다. 줄기세포에 대해 교수님과 인터뷰를 하고 싶은데요."

"제약 회사입니다. 새로 출시할 강아지 영양제의 안전성 테스트를 하려고 하는데요."

"연구실입니다. 로봇 착유기와 젖소의 스트레스에 관한 연구에서 궁금한 점이 있어서……."

수의사이면서 수의학자인 나는 요즘 이런 질문을 자주 받아. 종잡을 수 없이 다양한 질문에 답해야 하지만 동물 이야기는 언제나 즐거워. 수의학은 보통 사람들이 알고 있는 것보다 훨씬 많은 분야와 관련이 있거든. 내가 공부하고 연구한 것들이 여러 분야에 도움이 될 수 있다는 사실이 뿌듯하기도 해. 그렇지만 이건 어디까지나 내가 연구하는 분야와 관련이 있을 때만이야.

동물에 관한 질문을 정말 많이 받았어. 수의사라면 지구 상의 모든 동물을 잘 알고 있을 거라고 생각하는 사람들이 많아. 처음에는 당황했지만, 언제부터인가 모르는 것은 잘 모르겠다고 솔직하게 대답해. 이렇게 되기까지 나를 단련시킨 사람은 바로 나의 딸이야.

"아빠, 앵무새는 어떻게 사람 말을 따라 해요?"

"아빠, 웜뱃은 왜 네모난 똥을 싸요?"

아장아장 걸어 다닐 때부터 딸과 함께 동물원이나 농장에 자주 다녔어. 직접 본 동물뿐 아니라 책이나 텔레비전에 나오는 동물이 궁금하면 질문을 쏟아 냈지.

처음에는 열심히 대답했어. 이제는 '아, 그건… 좀 찾아보고 알려줄게.'라고 하기도 하고, '아빠는 포유류 전공이거든.'이라며 슬쩍 발을 빼기도 하지.

하지만 일단 질문부터 던져 놓고 대답을 기다리는 초롱초롱한 아이의 눈은 언제 봐도 즐거워.

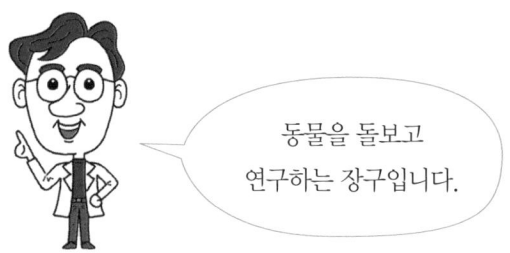

동물을 돌보고 연구하는 장구입니다.

나는 나를 소개할 때 이렇게 말해. 대학에서 수의학과를 졸업하고 동물 병원에서 아픈 동물들을 치료했어. 좀 더 심도 있는 공부를 하고 싶어서 대학원에 입학했지. 대학원에서는 소와 돼지의 시험관 수정에 관한 연구를 하고 유전 및 희귀 질병 모델을 만드는 일을 했고 말이야.

'돌본다'와 '연구한다'에 내가 하는 일이 다 담겨 있어. 돌보고 연구하는 것은 언뜻 보면 비슷해 보이지만, 자세히 알게 되면 정반대처럼 보이기도 해.

이 말이 무슨 뜻인지 천천히 이야기해 보기로 할까?

# 동물의 세계

수의학에서는 동물을 크게 반려동물, 야생동물, 산업동물, 실험동물로 나누어서 배워.

반려동물은 누구나 알고 있겠지만 개, 고양이, 햄스터, 거북이, 앵무새 등 사람의 친구로서 삶을 공유하는 동물을 말해. 최근에는 수의사라고 하면 가장 먼저 떠오르는 동물이 아마 반려동물일 거야.

반려라는 말은 부부 사이에서 상대방인 반쪽을 가리키는 말이야. 평생을 함께할 짝꿍이나 친구를 뜻하지. 함께 사는 가족처럼 삶을 공유하는 동물이라면 어떤 동물이든 반려동물이 될 수 있어. 예전에는 애완동물이라는 말을 사용했지. 완(玩)이라는 한자가 '가지고 놀다', '장난하다'라는 뜻을 담고 있어서, 요즘에는 동물을 존중하는 의미로 반려동물이라는 말을 더 많이 쓰고 있어.

야생동물은 산이나 들에서 스스로(사람의 도움을 받지 않고) 살아가는 동물로 멧돼지, 사자, 호랑이 등이 있지. 대부분 깊은 산속이나 열대 우림 등 자연 속에서 살기 때문에 쉽게 볼 수 있는 동물은 아니야.

동물원에 가면 꽤 여러 종류의 야생동물을 만날 수 있지. 동물원은 단순히 동물을 보고 즐기기 위한 놀이 시설이라고 생각해서는 곤란해. 동물원은 동물을 가두는 곳이 아니라 동물을 보호하는 곳이야. 동물을 전시하는 박물관이면서 교육 시설이기도 하지.

산업동물은 소, 돼지, 닭처럼 우리에게 먹을거리를 제공하는 동물을 말해. 소고기, 우유, 돼지고기, 닭고기, 달걀, 생선 등 사람들이 먹는 음식을 생각하면 산업동물이 얼마나 중요한지 알 수 있을 거야.

산업동물은 대규모 농장에서 생산되고 관리되는 동물이기 때문에 농장동물이라고도 해. 최근에는 산업동물이라는 말 대신

에 농장동물을 표준으로 사용하고 있어.

실험동물은 말 그대로 실험할 때 사용하는 동물이야. 사람들이 평소에 가장 접하기 힘든 동물이라고 할 수 있지.

왜 실험을 할 때 동물을 사용하냐고? 새로운 약을 개발할 때는 언제나 사람에게 적용하기 전에 효능 및 부작용(독성) 실험을 해야 해. 그때 동물 실험을 거쳐야 하지.

동물 실험을 하지 않으면 새로 만든 약이 질병에 진짜로 효과가 있는지, 약에 어떤 독성이 있는지, 양은 얼마나 투여해야 하는지 알 수 없잖아. 안전을 위해서 실험을 하는 거야.

동물과 사람 모두를 위해서

수의학은 동물의 질병을 치료하고 예방하기 위한 학문이야. 대학에서 배우는 교육 과정은 크게 기초수의학, 예방수의학, 임상수의학 세 단계로 나누어져.

기초수의학에서는 동물의 전체적인 해부학적 구조부터 생리적·생화학적 특징, 질병을 일으키는 병원체는 무엇인지 공부해. 병원체에 감염되면 동물의 조직이 어떻게 변화하는지도 확인하지.

- **기초수의학**: 수의발생학, 수의생리학, 수의생화학, 수의면역학, 수의해부학, 수의조직학, 수의유전학, 수의윤리학

예방수의학은 기초수의학을 토대로 병의 원인이 되는 병원체를 어떻게 예방하는지 배우지.

- 예방수의학: 수의공중보건학, 수의기생충학, 수의세균학, 수의바이러스학, 수의병리학, 수의약리학, 수의독성학, 수의통계학, 수의전염병학, 조류질병학, 어류질병학

임상수의학은 실제 동물에서 일어날 수 있는 임상적인 상황, 즉 질병의 증상과 진단, 치료 및 예방법에 대한 수업이야.

- 임상수의학: 수의임상병리학, 수의영상의학, 수의내과학, 수의외과학, 수의산과학, 수의치과학, 수의안과학, 수의피부과학, 야생동물의학

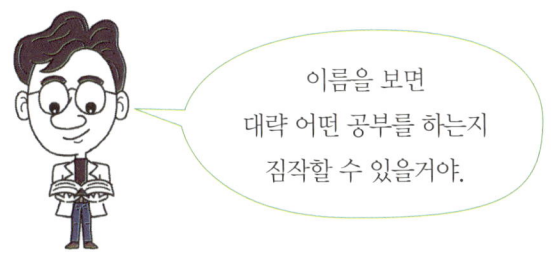

앞에서 수의학은 동물의 질병을 치료하고 예방하기 위한 학문이라고 했는데, 여기에 중요한 것 한 가지를 더해야 해.

 '수의학은 동물의 질병을 치료하고 예방하기 위한 학문'이면서 '인수 공통 전염병을 예방하고 방역하기 위한 학문'이라고 말이야.

 인수 공통 전염병이란 사람과 동물(주로 척추동물) 사이에서 서로 감염되는 전염병을 말해. A형 독감 바이러스나 개에서 감염되는 광견병이 대표적이지. 소나 말, 양에서 발생하는 탄저병도 인수 공통 전염병이야. 낙타와 사향고양이에서 비롯되었을 가능성이 큰 메르스와 사스, 얼마 전까지 우리가 생생하게 겪었던 코로나19도 인수 공통 전염병이지.

  인수 공통 전염병을 일으키는 바이러스에는 특정 동물에만 감염되는 바이러스가 변이를 일으켜 인간에게 감염 잠재력이 생긴 바이러스도 있고, 반대로 사람이 감염된 동물을 날고기로 먹거나 접촉을 했을 때 사람의 몸속에서 병원체의 유전자가 변이를 일으켜 인간을 감염시키는 바이러스도 있어.

  과학의 발달로 여러 가지 항생제나 백신 등이 개발되었고 사람들의 영양 상태나 위생 환경도 좋아졌기 때문에 인수 공통 전염병은 점점 줄어들고 있어.

  하지만 언제 어디서든 새로운 질병이 등장할 수 있어서 안심할 수는 없단다. 미생물도 진화하기 때문에 항생제에 내성을 가진 슈퍼 세균이나 바이러스가 나타날 수 있기 때문이지. 그러면 우리는 처음 보는 전염병과 언제 맞닥뜨리게 될지 모르거든.

운명의 순간

한국의 수의과 대학은 예과 2년과 본과 4년을 합쳐 6년 과정이야. 최근에는 효과적인 교육을 위해 예과와 본과의 교육 과정을 변경하려는 노력을 하고 있어. 본과에 올라가면 수업 시간에 배운 이론을 직접 동물에 실습하는 시간이 있어.

개나 고양이 같은 반려동물은 동물 병원에서 실습하고, 소나 돼지, 말 등의 큰 동물은 그 동물이 있는 농장에 찾아가서 실습하지.

지금은 서울대 수의과 대학 실습 농장이 강원도 평창캠퍼스로 이전했지만, 내가 학교를 다닐때는 경기도 수원에 있었어. 예나 지금이나 농장 실습은 모처럼 학교 밖으로 나가서 하는 수업이기도 하고, 동기들 여럿이서 함께 가니까 소풍 같은 느낌이 있기도 해. 하지만 농장에 들어가서 실제 소들을 처음 보는 학생들은 긴장을 많이 한단다.

  가까이서 보면 소는 놀랄 만큼 머리가 크고, 덩치도 생각보다 우람해. 하지만 생김새와 달리 순하고 호기심이 많은 동물이야. 사람이 움직일 때마다 커다란 눈을 끔뻑거리며 쳐다보거나 옷을 핥는 소들도 있지. 어린 송아지들은 겁을 먹고 뒷걸음질을 치기도 해.

"소 옆으로 가지 않도록 조심!"

실습할 때 선배들이 주의를 주는데 이 말은 소 농장의 상식이야. 소는 주로 옆 차기를 해서 옆에 있다가 발길질을 당할지도 모르거든. 참고로 말은 주로 뒷발질을 하기 때문에 뒤에 서 있으면 위험해.

실습은 소가 움직이지 않도록 끈으로 머리와 꼬리를 고정대에 잘 묶어 놓고 시작해. 청진기로 심장 소리를 들어 보고, 채혈하고 주사를 놓는 순서로 진행해.

소 농장 실습의 하이라이트는 소 직장 검사야. 소의 직장(항문)에 손을 집어넣어서 배 속을 더듬어(촉진) 보는 거야. 한쪽 팔이 거의 다 들어갈 만큼 손을 쑥 넣으면 더듬더듬 감각으로 소의 창자와 난소 등을 만져 볼 수 있어. 조금 징그럽고 민망하게 느껴지기도 하지만 수의사의 일이라고 생각해서 그럴까, 오히려 동물의 생명에 한발 가깝게 다가간 신기한 느낌이 들기도 해.

처음 실습했을 때 나는 반려동물 수의사가 아니라 농장동물 수의사가 되고 싶은 마음이 생겼던 것 같아.

수의학의 범위

대학에서 6년 동안 수의학과 과정을 마치면 졸업하는 해 1월에 수의사 국가시험을 봐야 해. 시험에 합격해야 수의사 면허증을 받고 수의사로 일할 수 있는 자격을 갖게 되지.

의과 대학을 졸업하면 인턴과 전공의 과정을 거치는 것처럼 수의학과를 졸업하고 나면 보통 인턴 과정을 거쳐야 수의사로 일 할 수 있어. 학교에서 책으로 배운 이론과 실제 동물들을 만나는 실전은 다르기 때문이야.

나는 서울대학교 수의과 대학 부속 동물 병원에서 인턴을 했어. 매일매일 진땀을 흘려야 하는 햇병아리 수의사였지만 동물을 만날 수 있는 시간이라 정말 즐거웠어. 동물은 사람과 달리

아플 때 직접 동물 병원을 찾아가지도 못하고, 어디가 어떻게 아픈지 설명할 수도 없잖니. 더 세심하게 관찰해야 하고 경험도 많이 필요하다는 것을 알게 되었어.

소나 돼지 같은 농장동물 수의사는 농장에서 동물의 질병을 치료하고 새끼를 낳을 때 돕는 역할을 해.

야생동물 전문 수의사는 동물원이나 야생동물을 관리하는 국가 기관이나 공기업에서 활동할 수 있어. 검역, 방역, 질병 관리, 식품 안전 관리, 환경 위생을 등을 담당하는 국가 기관 말이야. 해외로 동물을 데리고 나가거나 반대로 해외에서 동물을 데리고 들어올 때는 반드시 공항이나 항만에서 검역 과정을 거쳐야 하니까. 또 축산업에 종사하는 사람, 농장이나 공장 같은 축산업 관련 장소를 다녀온 사람은 해외에서 혹시나 전염병에 걸려서 올 수도 있어서 전담 관리가 필요하지.

동물을 대면하여 진료하는 '임상 수의사'와 달리 동물의 질병을 예방하고 진단 기법과 치료 방법을 연구하는 사람은 '비임상 수의사'라고 해.

비임상 수의사들이 가장 많은 곳은 제약 회사와 연구 기관이야. 대형 제약 회사는 자체 실험동물 연구실을 갖고 있는데, 약품을 개발하는 과정에서 수의사의 지휘 아래 임상 실험을 하지. 연구 기관에서는 기초수의학이나 예방수의학을 기초로 감염병 연구, 백신 개발, 식품 안전 기법을 연구해.

> 수의학을 단순히 동물의 질병을 치료하는
> 학문이라고 생각하기 쉽지만
> 생각보다 수의학의 범위는 넓어!

　의학 분야에서는 새로 도입되는 수술법을 개발할 때도 동물로 실습을 해. 실제 사람을 수술할 때 발생할 수 있는 상황을 미리 확인하고 연구하는 거야. 동물의 질병 발생을 관찰하고 치료하는 과정에서 얻을 수 있는 정보는 대단히 많아서, 단순히 동물을 치료하는 것을 넘어서 사람의 질병을 치료하고 예방을 위한 자료로 쓰이기도 해.

　공학 분야의 예를 들어 보면 소 농장에서 젖을 짜는 로봇 착유기를 개발할 때도 수의사와 협력해. 소의 생리와 건강 상태를 알

아야 하거든.

약학 분야를 빼놓을 수 없지. 약의 효능을 파악하기 위해 동물에게 먼저 약을 사용하는데, 이때 사람에게 일어나는 반응이 동물과 같을 수도 있고 다를 수 있어서 반드시 수의사가 필요해.

고양이에게는 우리가 해열제로 흔하게 먹는 타이레놀 성분을 분해할 수 있는 효소가 없어. 고양이가 타이레놀을 먹으면 중독증에 걸릴 수 있지. 그래서 고양이는 타이레놀에 관한 연구에는 적합하지 않은 동물이라고 의견을 내는 거야.

최근에는 반려동물의 수와 역할이 늘어나면서 사회학적 연구분야도 확대하고 있어. 반려동물이 인간의 삶과 정서에 미치는 영향을 분석하는 연구, 반려동물의 복지나 영양, 행동에 관련된 연구에 수의사로서 참여하기도 해.

이처럼 수의학은 의학, 치의학, 약학, 보건학과 긴밀한 관련이 있고, 공학, 농학, 해양학, 사회학의 측면에서도 융복합적인 관계를 맺고 있어.

수의사가 되려면 어떤 노력을 해야 할까요?

혹시 반려동물을 키우니? 요즘은 반려동물과 함께하는 가정이 정말 많아. 텔레비전 방송과 유튜브 등에서도 다양한 동물을 관찰하거나 키우는 콘텐츠가 인기도 좋지. 그런 만큼 말하지 못하는 동물들의 마음을 꿰뚫어 보듯이 돌보는 수의사의 모습은 멋져 보이기도 해.

수의사가 되려면 어떤 준비가 필요한지 하나씩 알아볼까?

수의사는 동물을 돌보는 의사야. 강아지, 고양이 같은 반려동물부터 소, 말 같은 큰 농장동물, 그리고 동물원에 있는 동물들의 질병을 치료하고 예방하지.

수의사가 되기 위해서는 먼저 어떤 동물이라도 진심으로 이해하려는 마음이 있어야 해. 동물은 말을 하지 못하니까, 동물의 행동을 세심하게 관찰하는 자세가 필요해. 집에서 직접 반려동물을 키워 보거나 동물원에 가서 관찰하는 것도 좋은 방법이지. 집 주변 산이나 들, 강 같은 곳에서도 다양한 동물을 관찰할 수 있단다. 직접 관찰하기 어렵다면 책을 읽거나 영상을 찾아보는 것도 좋을 거야.

중학교, 고등학교를 졸업한 후에는 수의학을 공부하는 대학에 가야 해. 대학에서 6년 동안 동물의 병을 진단하고 치료, 예방하는 방법을 배워. 사람을 치료하는 의사처럼 동물을 돌보기 위해 전문적인 공부를 하는 거야. 아픈 동물을 치료하는 일은 쉽지 않아. 때로는 밤늦게나 주말에도 일해야 할 수 있고, 무거운 동물을 들어야 할 때도 있지. 그래서 체력도 필요하고 책임감도 매우 중요해.

동물을 좋아하는 것과 돌보는 것은 다른 일이야. 때로는 매우 아픈 동물을 보게 될 수도 있어. 열심히 노력했지만, 동물의 병이나 상처가 나아지지 않을 때도 있지. 좌절감에 힘들 수도 있어. 동물뿐만 아니라 보호자의 마음도 이해하고 공감할 수 있어야 해. 무엇보다 따뜻한 마음으로 대하는 것이 중요하단다.

수의학자가 되는 길은 조금 길고 어려울 수 있어. 하지만 동물을 도와준다는 건 정말 보람된 일이야. 지금부터 차근차근 준비하면 멋진 수의사가 될 수 있을 거야!

2장 우리 곁의 동물 친구들

- 아주 특별한 치료사들
- 예민한 감각을 가진 동물들
- 춤추는 고양이 병?
- 인간과 동물의 건강은 연결된다!

아주 특별한 치료사들

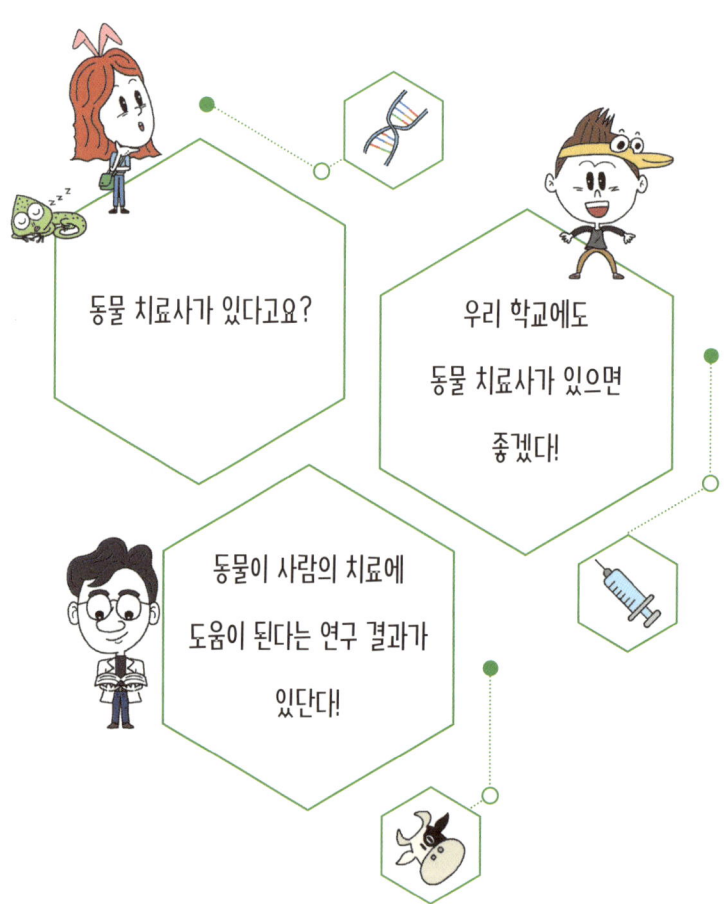

미국 샌프란시스코 공항에 가면 아주 특별한 승무원을 만날 수 있어. 이름은 듀크이고 '나를 쓰다듬어 줘(Pet Me!)'라고 적힌 까만 조끼를 입고 있지. 얼마나 인기가 많은지 팬클럽까지 생긴 이 승무원의 정체는 바로 고양이란다.

듀크의 임무는 비행기를 타기 전에 불안해하는 승객들을 위로하고 안정시키는 거야. '동물 치료사'라고 할 수 있지. 샌프란시스코 공항에는 듀크 말고도 여러 마리의 개와 새끼 돼지, 토끼가 동물 승무원으로 활동하고 있어. 이 동물들은 모두 샌프란시스코 동물보호협회 소속으로, 교육 기관에서 훈련을 받은 베테랑이야. 듀크는 승무원이 되기 전에도 샌프란시스코 국립병원에서 환자들의 스트레스를 덜어 주는 치료사로도 활동했어.

동물 승무원이 실제로 사람에게 도움이 될까? 공항에서 동물 승무원을 만나는 승객들은 함께 사진을 찍거나 쓰다듬으며 아주 즐거워했어. 비행 공포증이 있는 사람은 스트레스와 불안감을 잠시 잊을 수 있었고, 막 비행기에서 내린 사람은 피곤한 몸과 마음이 힐링되었다는 소감을 말하기도 했지. 동물 승무원을 만나고 싶어 하는 사람들이 많아지자, 샌프란시스코 공항에서는 동물 승무원의 위치를 SNS를 통해 알려 주고 있어.

동물을 사람의 치료에 이용하는 것을 '펫 테라피(Pet Therapy)'라고 해. 동물과 사람이 서로 감정을 주고받으면서 사람의 질병이나 마음의 병을 고치고 재활할 수 있도록 돕는 치료법이야. '동물 매개 치료'라고도 하지. 이 치료법은 반려동물이 가족이나 친구 이상의 존재가 될 수 있다는 것을 보여 주는 좋은 예야.

인간과 동물이 함께한 역사는 아주 오래되었지만, 동물이 인

간을 치료할 수 있다는 생각을 의학적으로 체계화한 역사는 그리 오래되지 않았어. 1962년 미국의 소아정신과 의사 보리스 레빈슨과 그의 반려견이 동물 매개 치료법을 시작한 주인공들이거든.

레빈슨은 병원에 온 어린 환자들이 잔뜩 긴장한 것을 보고 진료 대기실에 반려견인 징글을 데려다 놓았어. 순서를 기다리던 아이들은 자연스럽게 징글과 놀곤 했지. 얼마간의 시간이 흐른 후 레빈슨은 아주 중요한 사실을 발견했어. 징글이 없었을 때보다 어린이 환자들이 긴장하고 불안해하는 정도가 훨씬 줄어든 거야. 치료 효과도 좋았고 회복에 걸리는 시간도 짧아졌지.

레빈슨은 이 사실을 토대로 개가 보조 치료사로서 좋은 점이 있다는 논문을 발표했어. '펫 테라피'라는 용어를 사용하기 시작했지. 레빈슨의 연구에 의하면 특히 의사 소통 장애가 있거나 유난히 부끄러움이 많은 아이일수록 개와 상호 작용을 할 경우 치료 효과가 컸다고 해.

동물 매개 치료는 미국이나 유럽의 선진국을 중심으로 널리 퍼졌고, 영국 장애인승마협회나 미국 델타협회처럼 세계적으로 영향력 있는 단체가 생기기도 했어. 우리나라에서도 2008년

한국동물매개심리치료학회가 생긴 이후 동물 매개 치료를 활용하는 다양한 프로그램들이 생기고 있어. 국내 최초로 원광대학교에 동물매개심리치료학과가 생기기도 했지.

 우리가 잘 알고 있는 것처럼 반려동물은 보호자에게 조건 없는 애정을 표현해. 사람처럼 따뜻한 온기를 가진 존재이면서 보호자에게 솔직하게 감정을 표현하고, 보호자의 감정도 빠르게 알아채지. 반려동물의 이러한 긍정적인 성향이 바로 동물 매개 치료의 출발점이 되었어.

 특히 마음을 열지 못하고 대인관계에 어려움을 겪거나 사회성이 부족한 사람에게 동물 치료사는 좋은 의사가 될 수 있어. 장애인이나 노약자처럼 반복적으로 신체적인 재활이 필요한 사람도 동물과 간단한 놀이 활동을 하는 치료가 아주 효과적이라고 해.

 동물 치료사가 가진 장점 중에서 가장 재미있는 건 무슨 일이 있어도 '비밀 유지'가 된다는 사실이야. 혹시나 내가 털어놓은 말을 남에게 전하거나 뒤돌아서 흉을 보는 동물 치료사는 절대로 없을 테니까 말이야.

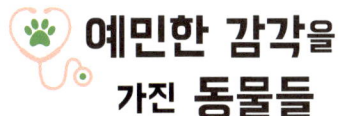 예민한 감각을 가진 동물들

 단순히 보거나 쓰다듬는 것만으로 사람에게 안정감을 주는 것이 아니라 생존에 꼭 필요한 도움을 주도록 특별히 훈련된 동물들도 있어.

 시각장애인의 보행을 안내하는 안내견, 청각장애인을 돕는 보조견, 몸을 자유롭게 움직이지 못하는 지체장애인의 손과 발이 되어 안전한 일상생활을 돕는 보조견 동물들이 대표적이지. 정신적, 신체적으로 장애가 있는 사람들과 어울림으로써 기분을 개선하고 치료하도록 돕는 치료 도우미견도 있단다.

 뇌전증인 사람이 갑자기 온몸이 굳고 떨리는 발작을 일으켰을 때나, 당뇨병 환자가 저혈당으로 쓰러졌을 때 의료 기관으로 연락하도록 훈련받은 보조견들도 있어.

개코라는 말 알고 있지? 개의 뛰어난 후각 능력을 빗대는 말이잖아. 후각 능력이 뛰어난 개는 사람의 건강 상태를 알아내는 탐지견으로 활동하기도 해. 냄새를 느끼는 개의 후각 신경세포는 약 2억 개 정도로 사람보다 50배나 많다고 해. 민감한 후각을 이용해서 특정한 질병을 앓고 있거나 감염된 사람을 구별하는 거야.

실제로 코로나19가 한창이던 2020년, 핀란드 헬싱키 공항에서는 코로나19에 걸린 사람을 구별하는 탐지견들이 활동하기도 했지. 이 개들은 코로나19에 걸린 환자의 침이나 콧속을 문지른 면봉 등으로 훈련을 받았어. 약 94% 정도의 확률로 정확하게 확진자를 찾아냈다고 해.

암을 확인하는 것도 가능해. 특정한 암에 걸린 사람은 특유의 냄새가 나는 경우가 있거든. 아주 미세한 분자(휘발성 유기 화합물)가 몸에서 발생하는데, 이를 탐지하는 체계적인 훈련을 받은 개들은 냄새를 맡아 암에 걸린 사람을 찾아낼 수 있어.

최근에는 질병을 일으키는 특정 세균의 냄새를 감별하는 탐지견 연구도 진행 중이라고 해.

영국의 메디컬 디텍션 도그스 웹 사이트*에는 의료 탐지견에 관한 정보가 많으니 흥미가 있다면 한번 살펴봐도 좋을 거야. 나도 종종 들어가서 최신 정보들을 참고하곤 하거든.

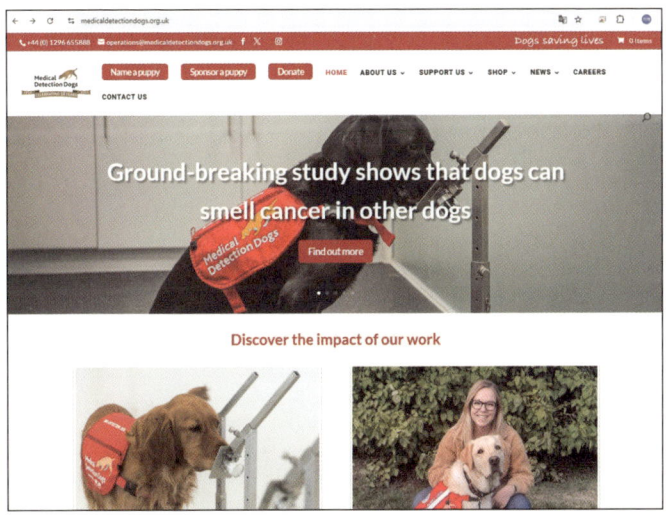

메디컬 디텍션 도그스 웹 사이트

이처럼 예민한 감각을 가진 동물들이 화제가 되는 경우가 있어. 지진이 발생하거나 화산 폭발이 일어나기 전에 나타나는 동물들의 이상 행동에 관해 들어본 적 있니?

* www.medicaldetectiondogs.org.uk

동물들이 자연 재해가 발생하기 전에 미리 느끼고 이상한 행동을 하는 전조 현상 말이야.

2004년 인도네시아 수마트라 대지진이 일어나기 전에 야생 동물들이 미리 고지대로 대피했고, 2023년 튀르키예 지진 전에는 수백 마리의 새 떼가 모여서 크게 울었던 일이 있었지.

동물의 이런 행동들이 지진과 직접적인 관련이 있다는 것이 과학적으로 정확히 입증되지는 않았지만, 실제로 여러 나라의 과학자들이 동물의 전조 현상에 관한 연구를 하고 있단다.

동물들이 지진이 일어나는 걸 어떻게 미리 알까?

정말 궁금하다. 물어보고 싶어!

춤추는 고양이 병?

사람 때문에 발생한 재난으로 동물들이 피해를 당한 안타까운 일도 많아. 대표적인 사례가 일본에서 발생한 미나마타병 사건이야.

미나마타병은 수은이라는 금속 성분이 몸에 쌓여서 생기는 대표적인 공해병으로, 1950년대 일본 구마모토현의 미나마타라는 어촌 마을에서 발생했어. 당시 미나마타시에 있던 질소 비료 공장에서 폐수를 바다에 몰래 버린 것이 원인이었어.

메탈수은이 포함된 폐수가 바다의 어류와 조개류를 오염시켰고, 이를 먹은 사람들이 수은 중독에 걸린 거지. 수은에 중독된 사람들은 신경이 마비되고 난청, 언어 장애, 정신 착란 등에 시

달리다가 사망하기도 했어.

2001년까지 알려진 공식적인 환자는 2,265명으로 확인되었지만, 단순히 환자 수가 많아서가 아니라 환경 오염이 얼마나 끔찍한 재앙을 일으킬 수 있는지 알려준 사건이기도 해.

그런데 미나마타병의 공식적인 환자 수에 집계되지 않은 동물이 있었어. 바로 고양이야.

미나마타병의 원인이 알려지기 전에 마을에서 이상한 일이 일어났어. 주민들이 기르고 있던 고양이들이 병에 걸렸는데, 마치 춤을 추는 사람처럼 몸을 떨면서 경련을 일으키다가 죽는 거

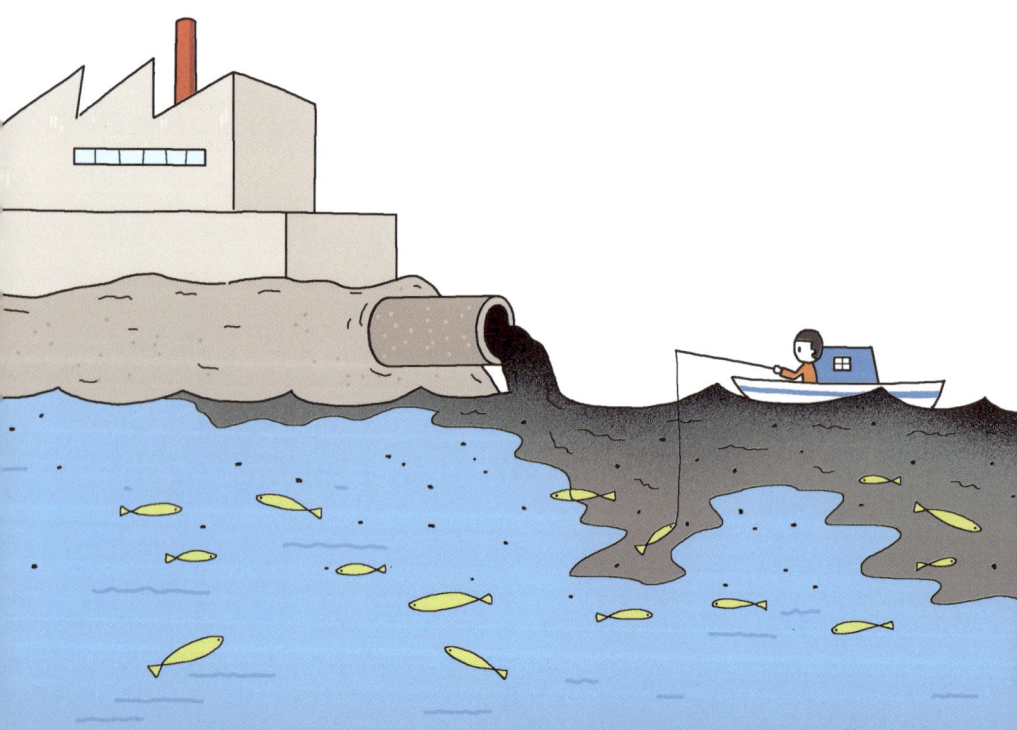

야. 마을 사람들은 참 이상한 일이라고 생각했지만 그 이유를 알 수 없었어. 나중에 마을 사람들이 미나마타병에 걸리게 되면서 비로소 의문이 풀렸지.

한동안 미나마타병은 '춤추는 고양이 병'이라는 이름으로 불리기도 했어. 나중에는 마을의 이름을 따서 미나마타병이라고 수정되었지만 말이야.

춤추는 고양이를 전조로 한 미나마타병의 교훈은 동물들이 평소와 다른 행동을 하면 관심을 두고 관찰해야 한다는 거야.

우리나라에서 일어난 '가습기 살균제 사건'도 마찬가지야. 인체에 해로운 물질이 들어있는 가습기 살균제 때문에 수천 명의 사람이 폐 질환에 걸리거나 사망한 사건이지.

그런데 가습기 살균제 피해자는 사람뿐만이 아니었어. 사람들과 함께 생활했던 반려동물들도 이유를 모른 채 목숨을 잃었지. 집에 있을 반려동물을 위해 외출한 사이에도 가습기를 틀어 놓았을지 몰라. 그 행동이 오히려 반려동물을 죽이게 될 줄도 모르고 말이야.

가습기 살균제가 사회적으로 문제가 되기 전에 유난히 폐렴에 걸린 개와 고양이가 많아졌던 시기가 있었어. 당시 수의사들은 뭔가 좀 이상하다고 생각했지만 이유를 알지 못했는데, 몇 년이 지나 가습기 살균제 사건이 알려지고 나서 의문이 풀렸다고 해.

만약 그때 이런 환경적 변화를 알아챌 수 있는 사회적 시스템이 마련되어 있었다면 하는 아쉬움이 남는 사건이지.

최근 한국수의임상포럼에서는 가습기 살균제로 피해를 입은 반려동물의 피해 사례를 조사하고, 수의사와 의사가 협력하는 시스템을 갖추어야 한다는 의견을 내놓았어.

반려동물은 사람과 가장 가까운 친구로서 삶을 공유해.

삶을 공유한다는 것은 질병을 일으키는 환경을 공유한다는 말과도 같아. 그래서 지금 우리 곁에 있는 반려동물에게 관심을 기울이는 것은 곧 우리의 건강에 관심을 기울이는 일이 된다고 생각해.

우리 게코에게 관심을 더 가져야겠다! 잠을 잘 자는 구나.

인간과 동물의 건강은 연결된다!

1953년 제임스 왓슨과 프랜시스 크릭이라는 두 과학자가 유전자의 비밀이 담겨 있는 인간의 디엔에이(DNA)가 이중 나선으로 되어 있다는 사실을 처음으로 발견했어. 50년 뒤인 2003년에는 인간 게놈 프로젝트가 완성되어 유전체의 비밀이 밝혀졌지.

그리고 2년 뒤인 2005년에 개의 유전체 구조가 밝혀졌단다. 개의 염색체 수는 78개로, 사람의 염색체 46개보다 훨씬 많아. 개의 유전체를 분석하려면 더 복잡하고 오래 걸릴 거라고 예상했는데 생각보다 속도가 너무 빨라서 세계의 과학자들이 모두 놀랄 정도였어.

개의 유전체 분석이 완료된 것을 기념하여 2005년 12월, 세계에서 가장 오래되고 이름난 과학 학술지 《네이처》는 표지에 '개의 게놈'이라는 제목을 싣고 아주 재미있는 사진을 실었어. 골든리트리버와 달마티안 등 네 마리의 개들이 DNA 이중 나선 구조 모형을 설명하는 왓슨과 크릭의 모습을 뚫어지게 보고 있는 모습이었지.

"저 사람들이 우리 유전체의 비밀을 풀었다던데?"
"그럼 이제 개의 유전병도 고칠 수 있는 거야?"
나는 개들이 이런 얘기를 나누는 상상을 했단다.

> 개는 사람과 같은 공간을 공유하며 생활하기 때문에
> 사람과 똑같은 질병에 많이 걸리고
> 치료법도 비슷한 경우가 많아.

개와 고양이의 질병 중에서 사람과 유사한 유전 질환으로 알려진 것만 해도 약 800여 가지나 돼. 사람에게서 발생하는 많은 질병이 개나 고양이에서도 발병되고 있다는 거야.

질병에 어떻게 걸리게 되었는지, 어떤 증상이 나타나고 어떻게 병이 진행되는지를 연구하는 데 도움이 될 뿐 아니라, 치료법도 비슷할 것으로 예상하기 때문에 개의 유전체 분석이 완성되었다는 소식을 듣고 수의사로서 아주 반가웠단다.

반려동물 치료에서 내가 가장 관심이 많은 분야는 태어날 때부터 타고나는 유전병이야. 그중에서 사람의 유전병과 유사한 병 몇 가지만 소개해 볼게.

먼저 '망막 색소 변성증'이야. 망막은 안구의 맨 안쪽을 덮고 있는 얇고 투명한 막인데, 망막 안의 세포에 문제가 생겨서 시력을 잃게 되는 병이지. 선천적인 원인으로 태어날 때부터 앞을 보지 못하는 게 아니라 정상적인 시력을 가지고 태어나 오랜 시간이 지나고 나서 생기는 병이기 때문에 환자에게는 한순간에 시력을 잃는 상실감이 아주 큰 병이지.

망막 색소 변성증의 원인은 아직 정확히 밝혀지지 않았지만, 현재까지의 연구에 따르면 유전자 이상 때문에 발생하는 것으로 알려져 있어. 이 질병을 치료하는데 큰 전환점이 된 계기는 개에게도 유사한 유전병이 존재한다는 것이 밝혀졌기 때문이야.

개에게 실명을 일으키는 '레베르 선천성 흑암시'라는 유전병 연구를 하고 있었어. 이 레베르 선천성 흑암시와 같은 유전자 돌연변이를 가지고 있고, 비슷한 실명 증상을 보이는 개에게 유전자 치료를 해서 시각적 기능을 회복한 연구 결과가 나왔지.

이 유전자 치료를 사람의 유전병에 적용하기 위해 수많은 후속 연구와 임상 실험을 거쳤어. 드디어 2017년 망막 색소 변성증 유전자 치료제가 미국 식품의약국(FDA)의 승인을 받게 되었지. 비록 특정 유전자 변이로 발생한 망막 색소 변성증에만 효과가 있는 유전자 치료제이지만, 불치병이라고 여겼던 유전병의 한계를 넘어선 놀라운 결과였지.

개의 질병을 연구하다가 알게 된 거예요?

그렇단다. 개의 유전체가 밝혀진지 약 12년만에 나온 결과라 의미가 깊지.

안타깝게도 이 유전자 치료는 치료비가 매우 비싸. 양쪽이 아니라 한쪽 눈을 치료하는데 약 5억 원이나 들거든. 2020년 영국에서는 국가 보건 서비스를 통해 국가에서 치료비를 지원하기로 했다고 발표했어. 우리나라에서도 이와 관련된 치료가 시작되었어.

월슨병도 사람 뿐만 아니라 개에게도 발생하는 대표적인 유전병이야. 털이 복슬복슬하고 얼굴이 양처럼 생긴 베들링턴테리어 종에서 자주 발생하는 유전병이지. 특정한 유전자의 결함으로 간에서 구리를 대사*할 수 없어서 구리가 간에 쌓이는 병이지.

최근 월슨병에 대한 놀라운 연구가 발표되었어. 월슨병에 걸린 베들링턴테리어의 간에서 분리한 간 조직으로 줄기세포를 배양한 실험에 관한 거야. 이 줄기세포로 유전자 치료를 한 다음 개에게 다시 자가 이식을 했는데 월슨병 증상이 개선되는 효과가 있었어.

* 대사: 생물체가 섭취한 영양 물질을 분해하고 합성하여 에너지로 생성하고, 필요하지 않은 물질은 몸 밖으로 내보내는 작용.

사람의 루게릭병과 유사한 질병도 있어. 개는 DM, 즉 퇴행성 척수병증이라는 질병으로 진단해. 나이가 들고 나서 발병하기 때문에 점차 신경이 마비되면서 몸을 움직이지 못해 결국 죽음에 이르는 안타까운 병이야.

이 질병도 앞서 소개한 다양한 유전병들과 마찬가지로 적극적으로 치료법을 연구하고 있어. 2023년 인간의 특정 유전자 돌연변이로 발생되는 루게릭병에 대해서는 치료제가 개발 및 승인되었다는 소식이 발표되었어. 그래서 이와 유사한 질병인 개의 퇴행성 척수병증도 언젠가는 치료법이 개발될 거라고 기대하고 있지.

나는 수의사이면서 반려동물을 사랑하는 사람 양쪽 입장에서 이처럼 개와 사람의 질병과 치료법을 공유하는 것에 대해 박수와 응원을 보내고 싶어.

미국에서는 좀 더 적극적으로 개와 사람의 질병을 공유하려고 고민하고 있어. 그중 하나는 신약을 개발하는 과정에서 사람을 대상으로 임상 실험을 진행할 때 동물도 함께 치료하는 거야. 질병이 개와 사람 양쪽에 똑같이 자연 발생한다면 개도 같은 약으로 치료할 수 있을 것이고, 개는 사람보다 수명이 짧으니까 혹시라도 나올 수 있는 부작용을 미리 확인할 수 있기도 해. 이를 근거로 사람에게는 조금 더 안전한 신약을 개발할 수 있고, 반려동물에게도 새로운 치료법을 적용할 수 있는 거지.

반려동물 치료는 반려동물의 건강을 지킬뿐 아니라 그동안 알지 못했던 질병을 새롭게 발견할 수 있어. 게다가 사람의 질병을 치료하는 연구 자료로 활용할 수도 있지.

따라서 지금 옆에 있는 반려동물에게 관심을 기울이는 것이 곧 사람의 건강에 관심을 기울이는 일이 된다는 걸 잊지 말았으면 좋겠어. 당장은 사람의 치료와 관련이 없어 보여도 관심을 가지고 꾸준히 연구할 필요가 있는 이유이기도 하지.

농장동물을 위한 복지도 있나요?

복지는 행복한 삶이라는 뜻이야. 사람은 물론 농장동물의 복지도 매우 중요한 주제지. 하지만 농장동물을 위한 복지는 아직 많이 부족하다고 생각해.

농장동물을 위한 복지란 소, 돼지, 닭과 같은 사람에게 먹거리를 제공하는 동물들이 건강하고 행복하게 자랄 수 있도록 돌보는 것을 말해.

한국에서는 '동물복지축산농장 인증제'라는 제도를 운영하고 있어. 동물이 편안하게 생활할 수 있는 좋은 환경을 제공하는 농장에 국가가 특별한 인증을 해 주는 거야.

예를 들어, 닭 농장에서 닭들이 좁은 닭장이 아니라 자유롭게 움직일 수 있는 충분한 공간을 제공하거나, 목장에서 소들이 편하게 쉴 수 있는 깨끗한 공간을 마련해 주면 인증을 받을 수 있단다.

재미있는 사실은 동물의 복지를 생각하는 농장에서 자란 동물이 더 건강하고 맛있는 식품을 만들어 낸다는 거야.

스트레스를 받지 않고 행복하게 자란 동물이 맛좋은 달걀과 우유,

고기를 생산한다는 것이 연구를 통해 밝혀졌거든.

하지만 일반 농장보다 동물 복지 농장을 운영하면 비용이 많이 들어. 같은 공간에 더 적은 수의 동물을 키워야 하고, 더 좋은 시설과 설비를 갖추어야 하기 때문이지. 동물 복지 인증 식품은 조금 더 비쌀 수 있지만, 미래를 위한 행동으로 생각해야 할 것 같아.

정부와 전문가들은 동물 복지 농장을 돕기 위해 여러 가지 방법을 연구하고 있어. 나도 최근에 농장동물 복지 포럼과 동물 복지 목장을 만드는 프로젝트도 시작했단다.

가장 중요한 것은 동물이 행복하면 사람도 행복해진다는 사실이야. 동물이 깨끗한 환경에서 건강하게 자라면 사람이 먹는 음식도 더 건강해지고, 환경도 더 깨끗해지기 때문에 결국 지구도 건강해진단다. 이것이 바로 동물 복지가 중요한 이유야!

3장 인간을 살린 동물들

- 뉴욕 도그(?) 발토와 토고
- 인슐린 발견의 숨은 공로견
- 실험동물의 대표 주자 마우스
- 햄스터와 코로나 백신

뉴욕 도그(?) 발토와 토고

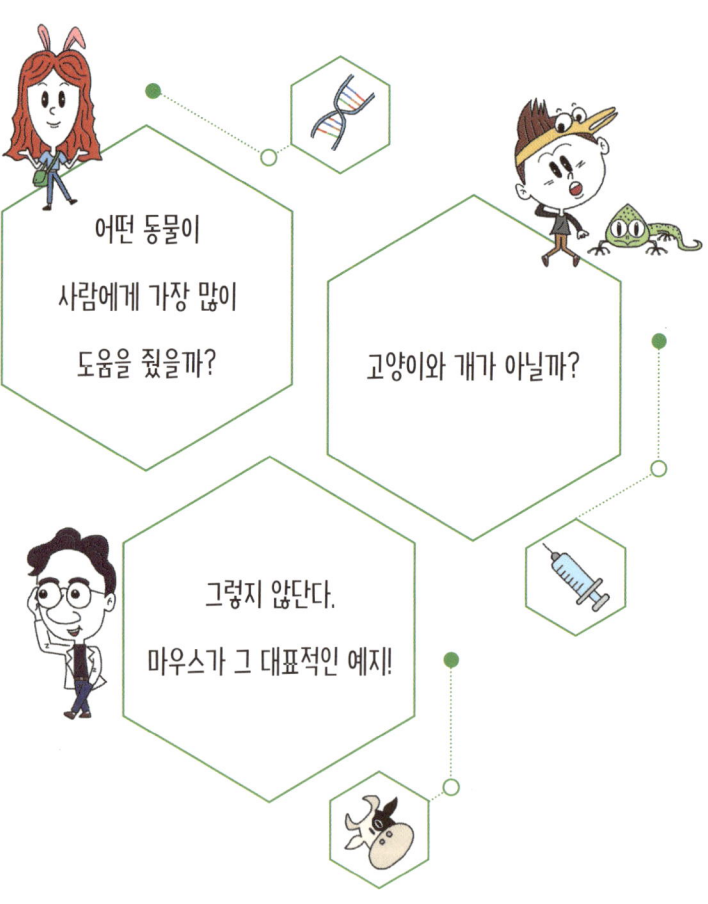

SOS 상황 발생

1925년 1월, 알래스카 북부 놈(Nome)이라는 작은 마을에 디프테리아 발생. 전염성이 강한 디프테리아는 빠른 속도로 마을에 퍼지는 중. 놈에는 치료제가 없음.

긴급 솔루션

치료제는 놈에서 1,100킬로미터 떨어진 네나나(Nenana)에 있음. 현재 기온 영하 40도, 풍속 40미터의 거센 바람 때문에 비행기 운송은 불가능. 강을 이용해 배로 운반하기에는 시간이 너무 오래 걸림. 가장 빠르게 네나나에서 놈까지 치료제를 옮길 수 있는 방법은?

간단하게 정리한 이 상황은 100년 전 알래스카에서 실제로 일어났던 일이란다. 디프테리아는 세균이 감염되어 생기는 급성 감염병이야. 처음에는 열이 나고 기침이 심하게 나면서 마치 목베개를 두른 것처럼 목이 퉁퉁 부어. 그러다가 끈적한 분비물이 목구멍 안쪽을 뒤덮어서 호흡 곤란으로 점점 얼굴이 파랗게 되는 청색증에 걸려서 죽게 되는 무서운 병이지.

당시 디프테리아의 유일한 치료제는 혈청*이었는데, 정확히 말하면 디프테리아 항독소 혈청이라고 해.

놈에 디프테리아가 퍼졌을 때 가장 위험한 사람은 면역력이 약한 아이들이었어. 하루라도, 아니 한시라도 빨리 혈청 주사를 맞아야 했지만 날씨 때문에 사람들은 발만 동동 구르고 있었지.

그래서 긴급 솔루션으로 결정된 것이 뭐냐고? 바로 썰매 개였어. 알래스카의 썰매 개들은 추위에 강하고 끈기 있기로 유명해. 피어리와 함께 북극을 탐험하고 아문센의 남극 탐험에 함께한 개도 바로 썰매 개잖아.

곧바로 썰매 개 150여 마리와 썰매꾼 20명이 모였어. 네나나에서 놈까지 알래스카를 가로질러 혈청을 운반하는 작전이 시작되었지.

16마리의 썰매 개가 한 팀을 이루어 100킬로미터씩 이어 달리는 거야. 1월 27일 혈청을 실은 첫 팀이 네나나를 출발했어. 혹독한 추위를 견디며 앞도 잘 보이지 않는 눈보라를 뚫고, 꽁꽁 언 빙하 위를 달린 끝에 5일 8시간 만에 놈에 도착했어.

* **혈청**: 피에서 적혈구, 백혈구, 혈소판 등을 분리해 낸 투명한 액체 성분으로 항체를 다량 포함하고 있음.

맨 왼쪽이 토고 　　　　　 발토의 모습

 개들이 싣고 온 혈청 덕분에 아이들은 목숨을 건질 수 있었단다.

 이른바 썰매 개들의 '혈청 릴레이'는 라디오 방송을 통해 미국 전역에 알려졌어. 총 거리의 절반에 가까운 425킬로미터를 달린 팀의 리더 토고와 마지막 팀의 리더인 발토는 전국적인 영웅이 되었지. 2011년 미국 잡지 《타임》은 토고를 '역사상 가장 영웅적인 동물'로 선정했고, 사람들은 뉴욕의 센트럴 파크에 발토를 기념하는 동상을 세웠어.

〈토고〉는 이 '혈청 릴레이'를 바탕으로 한 영화야. 강아지 시절의 토고가 얼마나 귀여운지 생각할 때마다 저절로 웃음이 나올 정도야. 하지만 눈보라 치는 꽁꽁 언 강을 건너는 장면을 보면 안쓰러워서 눈물이 나기도 해. 이 작전에서 목숨을 잃은 개들도 많아서 참 안타까워.

그런데 영화를 볼 때 수의학자로서 눈길이 가는 것이 또 하나 있어. 바로 디프테리아 항독소 혈청을 실은 낡은 가죽 가방이야. 항독소는 몸에 들어온 세균성 독소의 독성을 중화시킬 수 있는 몸속에서 만들어지는 항체를 말해. 디프테리아 항독소의 경우 디프테리아 균에 의해 생긴 독소를 중화시키는 작용을 하지.

이런 항독소를 얻는 방법은 1890년 독일의 세균학자인 에밀 폰 베링이 개발했어. 베링은 디프테리아에 걸렸다가 살아남은 쥐의 혈청을 뽑아서 감염되지 않은 쥐에게 주사해 봤어. 예상했던 대로 쥐는 디프테리아에 걸리지 않고 멀쩡했지. 병에 걸렸다가 회복된 동물의 혈청에 있는 중화 항체의 치료 효과를 발견한 거야.

면역이라는 개념을 확인하게 되었던 거지. 이후 항독소 혈청을 대량 생산하기 위해 말(horse)을 이용하였다고 해.

1928년에 알렉산더 플레밍이 페니실린이라는 항생 물질을 발견했으니까, 감염병에 특별한 치료제가 없었던 당시에 동물의 혈청으로 만든 디프테리아 항독소 혈청은 마법의 치료제로 불렸을 정도로 주목을 받았어.

더불어 디프테리아에 걸린 아이들의 구세주라는 별명까지 얻은 베링은 1901년, 노벨 생리의학상 분야의 1호 수상자가 되었단다.

인슐린 발견의 숨은 공로견

당뇨병은 몸속에 인슐린이라는 호르몬이 없거나 부족해서 생기는 병이야. 당뇨병을 오래 앓은 사람은 고혈압, 심근경색, 뇌졸중 등의 합병증에 걸리게 돼. 요즘에는 약이나 주사 등의 치료법이 있지만 20세기 초까지는 당뇨병의 원인조차 알지 못했어. 특히 태어날 때부터 인슐린을 정상적으로 분비하지 못하는 선천성 당뇨병 환자에게는 불치병으로 불릴 만큼 악명이 높았지.

**인슐린이 몸에서 나오지 않는다면
인슐린을 만들어서 주사하면 되지 않을까?**

100년 전 이런 획기적인 생각을 한 사람이 있었지. 바로 프레더릭 밴팅이라는 캐나다의 의사였어. 밴팅은 췌장에서 분비되는 어떤 물질이 당뇨병과 관련이 있다는 의학 논문을 읽고, 그 물질을 추출해 보기로 했어.

밴팅은 실험동물로 개를 선택했어. 먼저 개의 췌장을 묶어서 어떤 변화가 있는지 관찰했는데, 물을 자주 마시고 오줌을 자주 누는 당뇨병 증세가 생긴 것을 발견했지. 개의 피를 뽑아 분석해 보니 예상대로 혈액 속의 포도당 수치가 높은 것을 알 수 있었어. 그리고 소의 췌장에서 추출한 물질을 개에게 주입해서 혈당이 떨어지는지를 확인했지.

수십 번 실패를 거듭한 끝에 33번째 실험에서 원하는 결과가 나왔지. 췌장 추출액으로 만든 인슐린을 맞은 개가 혈당이 떨어지는 효과를 보였어. 실험견은 비글인 '마저리'였지.

드디어 당뇨병에 걸린 사람에게도 효과가 있는지 확인하려고 했어. 하지만 선뜻 나서는 환자가 없었단다. 밴팅은 자신에게 손수 인슐린을 주사해서 사람의 몸에 해롭지 않다는 것을 보여 주었지. 마침내 선천성 당뇨병으로 죽음 직전의 상태였던 14살짜리 소년에게 인슐린을 주사할 수 있었어. 놀랍게도 소년은 주

밴팅(오른쪽)과 실험견 비글의 모습

사를 맞은 뒤 몇 주 만에 건강을 되찾았어.

당시 영국의 왕인 조지 5세를 포함해 수많은 당뇨병 환자가 밴팅의 인슐린 치료를 받았지. 인슐린을 발견한 공로로 밴팅은 1923년 노벨 생리의학상을 수상했단다.

초기의 인슐린은 개나 돼지, 소의 췌장에서 추출했어. 쥐나 토끼의 췌장에서 추출한 인슐린은 양이 너무 적어서 치료에 충분하지 않았거든. 또 소 한 마리에서 추출한 췌장 액으로는 아주 적은 양의 인슐린만 만들 수 있었기 때문에 가격이 너무 비싸기도 했지. 동물에서 추출하다 보니 불순물도 많았고, 알레르기 반응이 일어나는 부작용도 많았어.

밴팅이 인슐린을 발견한 후에도 연구는 계속되었고 더욱 발전했어. 삼십 년쯤 지나서 영국의 생화학자 생어는 인슐린의 아미노산 구조를 밝혀냈고, 이 연구 덕분에 인슐린을 대량 생산할 수 있게 되었어. 1964년에는 영국의 화학자 호지킨이 인슐린의 3차원 입체 구조를 밝혀내서 인슐린을 화학적으로 합성하는 방법을 알아냈지. 두 사람 모두 노벨 생리의학상을 받았어.

1980년에는 유전자 재조합 기술로 만든 인슐린이 탄생했어. 이제는 마저리처럼 동물을 희생시키지 않아도 대량으로 생산한 인슐린으로 전 세계의 환자들이 골고루 혜택을 받게 된 거야.

 실험동물의 대표 주자 마우스

실험동물 하면 맨 처음 떠오르는 것은 아마 생쥐일 거야. 실험용 생쥐는 보통 우리가 시궁쥐라고 부르는 갈색 쥐와 구분하기 위해서 마우스(mouse)라고 해.

마우스는 독성 및 유해 물질 실험은 물론, 사람의 노화, 암, 유전자 등 생명과 관련된 연구에 없어서는 안 될 중요한 존재야.

마우스는 실험동물로 여러 가지 장점이 있어. 우선 아주 작고 가벼워서 다루기가 쉬워. 마우스는 태어나서 8주가 되면 임신할 수 있고, 임신 기간도 평균 21일로 매우 짧은 데다가 한 번 새끼를 낳으면 평균 여덟 마리 정도를 낳아.

과학에서는 이것을 '유전적으로 고정되어 있다.'고 표현해.

마우스는 개체들의 유전적 변이가 크지 않은 동물이야.

수많은 마우스 중에서 어떤 마우스를 골라 실험하더라도 비슷한 연구 결과를 얻을 수 있다는 뜻이기도 해.

마우스의 특징 중에서 가장 흥미로운 부분 중 하나는 복제가 잘 된다는 거야. 다른 동물은 마우스에 비해 임신 기간이 길고 한 번에 태어나는 새끼도 적은 편이야. 게다가 복제를 했을 때 실패 확률이 높아서 연구하는 데 어려움이 있지. 반면에 마우스는 복제 성공률이 아주 높은 편이야. 게다가 복제된 마우스로 여러 차례 다시 복제를 진행해도 성공 확률이 높아.

이런 마우스는 실험실에서 아주 귀한 존재야. 마우스가 얼마나 깨끗한지 알면 아마 놀랄걸. 마우스가 있는 실험실은 세균이나 미생물에 감염되지 않도록 철저하고 세심하게 환경을 관리해. 살균 시설과 공기를 깨끗하게 유지하기 위한 공기 필터가 반드시 있어야 하지. 온도는 21도에서 23도 사이를 유지해야 하고, 명암의 주기도 12시간 간격으로 일정하게 유지해야 해. 매일 소독한 사료를 먹이고 톱밥도 갈아 줘야 하지. 실험실에 들어갈 때 실험복, 마스크, 머릿수건, 장화 착용은 기본이야.

1974년에는 유전자를 조절해서 만든 '트렌스제닉 마우스'가 세상에 태어났어. 트렌스제닉 마우스는 외부의 DNA를 쥐의 수정란*에 넣어서 특별하게 만든 마우스야.

트렌스제닉 마우스가 탄생하기까지 과학자들은 세포와 배아에 새로운 유전자를 넣는 연구에 꾸준히 도전해 왔어. 특히 실험실에서 수정된 배아를 안정적으로 생산해야만 했기 때문에, 동물의 생식세포 연구도 비약적으로 발전했지.

이러한 생식세포 연구 결과가 쌓여서 1978년 영국에서 최초의 시험관 아기가 태어날 수 있었어. 시험관 아기는 여성의 난자를 체외로 채취해서 시험관 내에서 남성의 정자와 수정을 시키고 배아를 다시 여성의 자궁 내에 이식하는 시술이야.

자연스럽게 사람의 몸 안에서 만들어진 수정란이 아니라 인

---

* 수정란: 난자가 정자와 수정이 된 상태. 수정 이후 세포 분열을 거쳐서 다양한 조직으로 발생함.

공적으로 시험관에서 만들어졌다는 사실 때문에 당시에는 윤리적, 종교적 논란을 일으켰어. 하지만 오늘날에는 없어서는 안될 과학 기술이지.

영국의 생리학자 로버트 에드워즈가 개발한 사람의 시험관 시술은 앞서 말한 것처럼 처음에는 동물 실험에서 시작되었어. 에드워즈는 쥐의 정자와 난자 연구를 비롯해 돼지, 소 등 실험동물의 생식세포를 연구했지. 이런 연구를 기반으로 훗날 시험관 아기를 탄생시킬 수 있었어.

당시 시험관 아기가 무사히 출산할 수 있을지 많은 사람이 걱정스러운 시선으로 지켜보았지. 에드워드는 이미 수많은 동물 실험을 통해서 안전한 시술이라는 것을 믿고 있었어.

수의학은 동물을 연구하고 의학은 사람을 연구하는 학문이지만, 실험동물 연구가 시험관 아기의 탄생으로 이어졌듯이 두 학문은 결국 이어져 있다고 할 수 있어.

햄스터와 코로나 백신

코로나19는 인류가 처음으로 접한 새로운 바이러스였어. 2019년 11월 처음 발병이 확인된 이후, 입이 떡 벌어질 만한 속도와 위력으로 퍼졌지.

역사적으로 가장 유명한 전염병은 14세기에 유럽을 휩쓴 흑사병과 20세기 초에 발생한 스페인 독감을 꼽아. 하지만 과학과 의학이 발달한 21세기에 발생한 코로나는 전 세계 인구의 약 9.7%가 감염되었기 때문에 흑사병과 스페인 독감을 훨씬 뛰어넘는 기록을 남겼지.

전파 속도가 빠르고 전 세계적으로 사망자가 많이 발생했다는 점 말고도, 코로나19에서 주목할 만한 점은 백신 개발이 놀라울 정도로 빨리 이루어졌다는 거야. 백신을 개발하는 방식도 이전과는 달랐어. 백신 개발을 위해 투입된 자원도 천문학적이라 할 만큼 엄청났지.

전통적으로 백신을 개발할 때는 다음과 같은 단계를 거쳐야 한단다.

백신 개발 과정

사전 임상(약 15~30개월) → 1차 임상(약 24개월) → 2차 임상(약 24개월) → 3차 임상(약 36개월) → 백신 승인 → 접종

얼핏 보아도 3차에 걸친 본 임상* 단계만 7년이 넘는 시간이 필요하지. 임상 단계를 통과했다고 해도 안전한 백신으로 승인이 나서 환자에게 접종하기까지는 10년이 넘게 걸릴 수 있어.

코로나19 백신은 1, 2차 임상이 6개월씩으로 단축되었고, 3차 임상은 아예 생략되기도 했어. 승인도 긴급으로 처리되어 불과 1년 정도의 짧은 기간에 백신이 보급되었지.

* **임상**: 백신의 효능을 확인하고 안전성을 확인하는 절차.

수의사로서 이런 과정을 지켜보면서 나는 마음이 좀 복잡했어. 백신 개발이 집중적으로 이루어지면서 그만큼 많은 실험동물이 희생되었거든.

과학자들은 계속해서 동물 실험을 줄여서 실험동물의 생명을 존중하고 희생을 최소화하기 위한 노력을 해 왔어. 동물 실험의 대안으로 세포로 대신해서 실험하는 방법 등을 연구하고 있지.

하지만 예상치 못한 코로나19 때문에 최대한 빠르게 백신과 치료제를 개발해야 하는 상황이 온 거야. 많은 제약 회사와 연구소는 기존의 동물 실험 방법을 이용했어. 동물 실험을 대체할 수 있는 방법은 아직 정확하게 효능을 평가할 수 있을 정도로 발전되지 않았기 때문이야.

이제는 예전과 같은 일상을 회복하게 되었고, 코로나19에 관한 연구 결과가 쌓이면서 이와 관련된 동물 실험은 서서히 줄고 있어. 아마도 다시 동물 실험을 줄이기 위한 노력은 이전보다 더 빠르게 진행될 거라고 생각해.

그런데, 코로나19 치료제를 개발할 때 어떤 동물로 실험했을까?

당연히 마우스일 거라고? 의외로 코로나19 치료제는 마우스

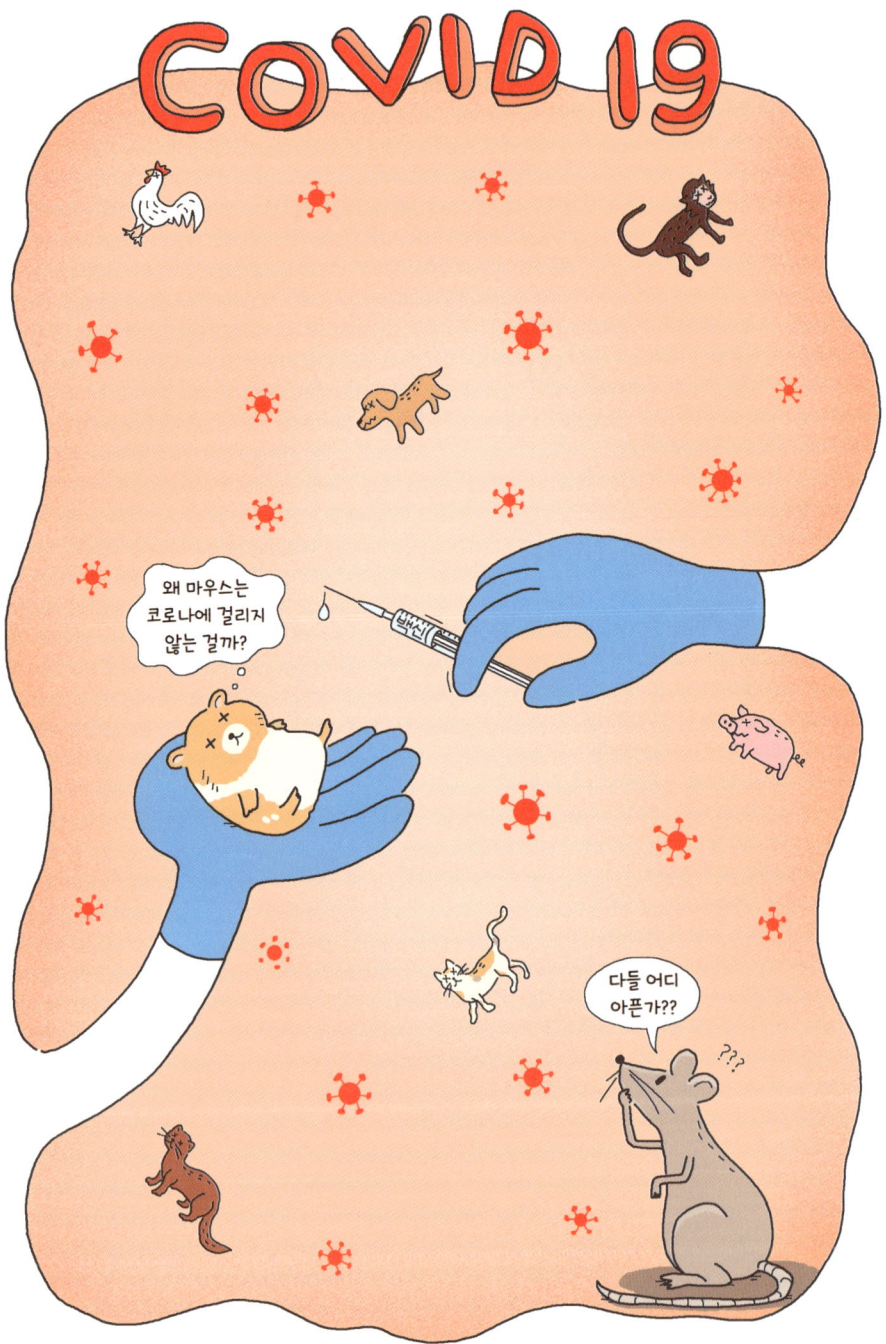

를 대상으로 실험하지 않았어. 왜 그랬을까?

닭, 개, 오리, 족제비과의 페럿, 쥐, 햄스터, 새끼 고양이, 원숭이과의 마카크, 돼지와 같은 여러 동물을 연구했는데 유독 마우스만 코로나19에 감염되지 않았어.

그 이유는 코로나19 바이러스와 결합하는 수용체가 마우스에는 발현되지 않기 때문이야.

마우스와 같은 설치류인 햄스터는 코로나19 바이러스 수용체가 발현되었고, 감염도 잘 되었지. 또 사람이 코로나19에 걸렸을 때 나타나는 증상도 비슷했어. 그래서 햄스터가 코로나19 동물 감염 모델로 많이 활용되었단다. 이렇게 질병에 따라 그에 맞는 실험동물이 다를수 있기 때문에, 다양한 동물에 대한 연구가 필요하지.

개는 어떻게 인간의 가장 친한 친구가 되었나요?

사람과 개의 인연은 아주 오래전, 구석기 시대부터 시작되었어.

개는 처음에 야생 늑대였단다. 늑대는 인간이 사냥하고 남은 고기를 얻어먹으면서 조금씩 인간과 가까워졌어.

프랑스 남부 니스 지방의 라자레 동굴에서 구석기 시대 사람들이 늑대를 기르던 흔적이 발견되었지. 구석기 시대 사람들은 마치 지금 우리가 강아지를 돌보듯이 늑대 새끼들을 돌보며 점점 친밀한 관계를 만들어 갔다고 해.

인간들이 늑대를 기르면서 얻은 좋은 점들이 있었기 때문이 아닐까? 늑대는 인간의 사냥을 도와주었고, 안정적으로 식량을 구할 수 있게 된 인간은 늑대를 보호해 주었을 거야. 또 늑대가 다른 부족이나 위험한 동물로부터 인간을 지켜 주는 보초 역할도 했겠지. 오랜 세월 함께 지내면서 서로에게 필요한 존재가 되어 인간과 늑대가 함께 살게 된 거야.

시간이 흐르면서 인간은 자신들이 원하는 특징을 가진 늑대들을 선

택해서 교배시켰어. 사람을 잘 따르고 덜 공격적인 성향을 지닌 늑대들을 골라서 길렀지. 그러다 보니 점점 오늘날의 개처럼 사람을 잘 따르도록 변하게 된 거야.

놀랍게도 과학자들이 DNA 검사를 해 보니 개와 야생 늑대의 유전적 차이가 0.04% 미만으로 거의 같다는 것을 알게 되었어!

특히 재미있는 사실은 개가 인간에게 특별히 더 친절하고 충성스러운 이유가 '윌리엄 증후군'이라는 유전자와 관련이 있다는 거야. 이 유전자 덕분에 개는 사람에게 특별히 친근하고 사교적으로 행동하게 된단다.

과학자들은 이것을 "개의 유전적 결함이 인간에게는 최고의 친구를 얻는 축복이 된 것."이라고 설명해.

이렇게 개는 인간이 최초로 길들인 동물이야. 전 세계 어디에서나 오랜 시간 함께 살아온 가장 친한 친구지.

4장 인간과 함께한 동물 실험의 역사

- 동물 해부로 인간의 몸을 이해했다고?
- 인류 최초의 백신, 종두법
- 파스퇴르의 공개 동물 실험
- 동물 실험은 꼭 필요할까?
- 동물 실험이 없으면…

동물 해부로 인간의 몸을 이해했다고?

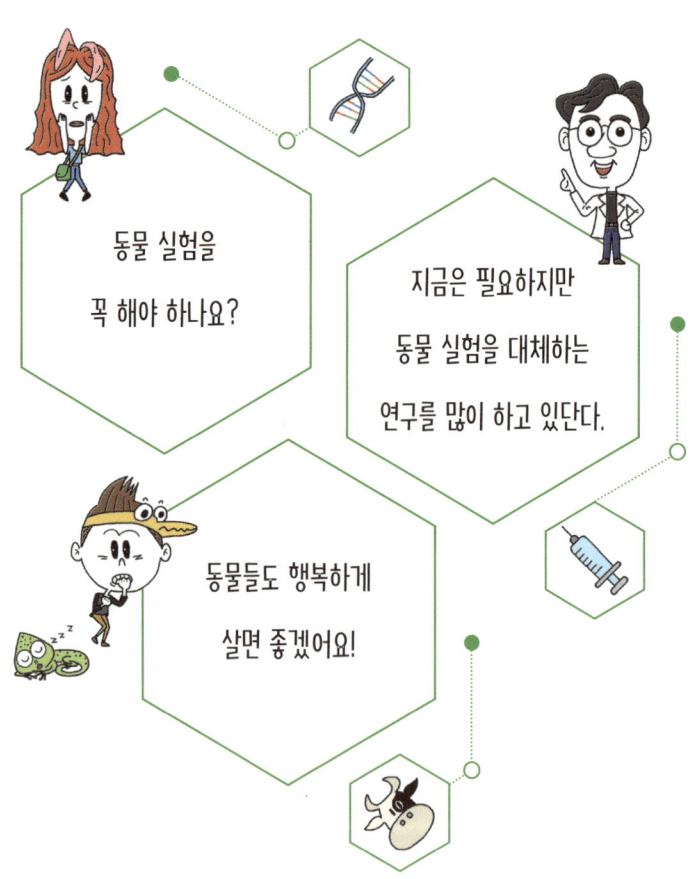

동물 실험을 꼭 해야 하나요?

지금은 필요하지만 동물 실험을 대체하는 연구를 많이 하고 있단다.

동물들도 행복하게 살면 좋겠어요!

고대 로마의 검투사 글래디에이터를 알고 있니? 검투사들은 이름처럼 검(칼)뿐 아니라 창이나 도끼 같은 무기도 사용했고, 사나운 동물과도 싸웠다고 해. 살이 찢기고 뼈가 훤히 드러나거나 뇌가 으스러지는 등 끔찍한 부상을 당하는 검투사도 많았어.

다친 검투사를 치료하는 의사도 많았지. 당시 로마에서 가장 유명한 의사가 클라우디오스 갈레노스야.

갈레노스는 해부학에 관심이 많았어. 사람의 뼈는 몇 개고 어떻게 생겼는지, 장기는 어떤 것이 있는지, 피는 어디에서 생겨서 어디로 가는지, 인체의 생김새와 하는 일이 늘 궁금했지. 그래서 돼지나 염소 같은 동물 사체를 많이 해부했다고 해.

갈레노스가 정리한 해부학 책은 당대의 수많은 의사에게 영향을 주었단다. 물론 동물의 몸을 보면서 인체의 구조를 추측했기 때문에 불완전하고 한계가 있었지.

해부학이 학문적으로 체계가 잡힌 것은 이탈리아의 해부학자이자 의사인 안드레아스 베살리우스에 이르러서야. 베살리우스는 존경하는 갈레노스의 책을 보면서 자랐지만, 한편으로는 갈레노스의 잘못된 점을 찾아내려고 애썼어.

베살리우스는 직접 인체를 해부하여 사람 몸의 구조를 연구

했어. 특이한 점은 레오나르도 다빈치처럼 인체 해부도를 그림으로 남겼다는 거야.

베살리우스의 책《인체의 구조에 대하여》에는 뇌, 장기, 근육, 혈관, 신경 등 세밀한 인체의 해부 그림은 물론, 동물과 인간의 몸을 비교한 해부도가 많이 실려 있어.

베살리우스에서 출발한 해부학은 한 단계 더 발전하여 질병의 원인을 알아내고, 병에 걸리면 장기나 조직은 어떻게 변하는지, 어떻게 죽음에 이르게 되는지 등을 알아내는 병리 해부학으로 발전하게 되었지.

　갈레노스와 베살리우스의 손을 거쳐 간 수많은 동물의 희생 덕분에 사람의 몸을 이해하고, 질병의 원인을 파헤쳐 의학이 발전할 수 있었던 거야.

인류 최초의 백신, 종두법

 천연두는 인류를 가장 괴롭혔던 전염병이야. 흑사병이나 스페인 독감처럼 몇 년 정도만 잠깐 퍼졌던 게 아니라 천 년이 넘도록 유행을 되풀이하면서 사람들을 공포에 떨게 했어.
 천연두에 걸리면 온몸이 아프고 열이 나면서 살갗이 부풀어 올라 곪기 시작해. 사망률이 매우 높고 살아남은 사람도 곪았던 피부에 흉터가 남는 후유증으로 고통받았지.
 사람들은 천연두에 왜 걸리는지도 몰랐고 치료법도 몰랐지만 단 하나의 실마리가 있었어. 한 번 천연두에 걸린 사람은 다시는 걸리지 않는다는 거였지.
 그래서 사람들이 생각해 낸 방법은 천연두에 걸렸다가 살아남은 사람의 고름 딱지를 갈아서 피부에 바르거나 코로 들이마시는 거야.

좀 무식한 방법처럼 보인다고? 하지만 현대의 면역 체계에 빗대어 생각해 보면 그렇게 말도 안 되는 방법은 아니야. 이런 천연두 예방법을 '인두법'이라고 해. 인간에게서 얻은 천연두를 이용해서 면역을 얻는 방식이지.

중국에서 처음 시작된 인두법은 수백 년에 걸쳐서 인도, 아프리카, 터키 등지로 퍼졌고 유럽과 아메리카 대륙으로까지 전해졌어. 하지만 인두법의 효과는 높지 않았기 때문에 여전히 천연두에 걸려서 목숨을 잃는 사람들이 많았어. 이때 획기적인 예방법을 개발한 사람이 바로 에드워드 제너란다.

제너는 영국의 어떤 소 농장에서 젖을 짜는 사람들이 천연두에 걸리지 않는다는 소문을 듣게 되었어. 이상한 점은 그 사람들이 한 번씩 우두를 앓았던 경험이 있다는 거야. 우두는 소의 젖에 부스럼이 생기는 병이야. 옛날에는 사람이 직접 손으로 소의 젖에서 우유를 짰으니까 그 과정에서 우두에 걸린 소에게서 병이 옮았던 거지. 우두에 걸린 사람들은 어느 정도 시간이 지나면서 회복되었고 심각한 후유증도 겪지 않았어.

'가벼운 우두를 앓으면 끔찍한 천연두를 피할 수 있다고?'

제너는 무릎을 탁 쳤지. 이런 가설을 세웠어.

'사람에게 일부러 우두에 걸리게 하면 우리 몸은 그것을 기억하고, 나중에 진짜 천연두에 걸렸을 때 천연두를 우두로 착각하고 방어하게 된다.'

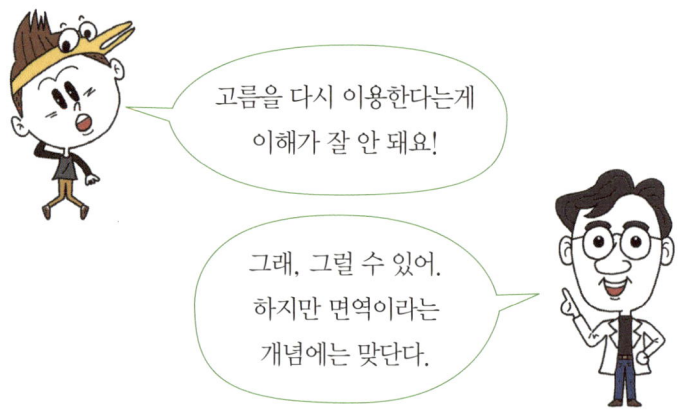

고름을 다시 이용한다는게 이해가 잘 안 돼요!

그래, 그럴 수 있어. 하지만 면역이라는 개념에는 맞단다.

제너는 천연두 환자의 고름 딱지를 쓰던 방법 대신 우두에 걸린 소의 고름을 사용해 보기로 했어. 먼저 사람의 몸에 상처를 내고 우두에 걸린 소의 고름을 넣었어. 며칠이 지나면 천연두에 걸린 사람의 고름을 넣는 실험이었지. 예상했던 대로 처음에 가벼운 우두 증상을 보인 사람들은 두 번째 실험에서 천연두에 걸리지 않았어. 우두와 천연두의 관계를 실험으로 입증한 거야.

제너가 만든 것은 최초의 천연두 백신이야.

하지만 당시 사람들은 소의 고름이 자신의 몸에 들어간다는 사실에 두려움을 표현하곤 했나봐. 제너의 백신은 그 뒤로 여러 과학자의 추가 실험을 거쳐서 현대적으로 개량되었어.

기원전 1000년 이집트의 미라에서 발견되었을 정도로 오래된 천연두는 제너 덕분에 오늘날에는 완전히 박멸되었어. 인류가 유일하게 종식시킨 전염병으로 기록되었단다. 천연두는 인류를 가장 괴롭혔던 질병이었지만 이제 지구에서 완전히 사라지게 되었어.

🩺 파스퇴르의 공개 동물 실험

　백신에 관해서 이야기할 때, 제너 다음에 늘 나오는 사람은 루이 파스퇴르야. 파스퇴르는 제너가 세상을 떠나기 한 달 전쯤에 태어났어. 마치 바통을 이어받으려는 달리기 선수처럼 말이야. 제너가 최초로 백신의 개념을 세웠다면 파스퇴르는 실제로 쓸 수 있게 백신을 개발했어.

　오늘날 우리는 세균이 질병을 일으킨다는 사실을 알고 있지. 하지만 파스퇴르가 살았던 시대에는 그렇지 않았어. 사람들은 우유가 상하거나 고기가 썩는 것도 자연적으로 우연히 생기는 일이라고 생각했거든.

　구부러진 플라스크 실험을 알고 있니?

S자 모양의 백조 목 플라스크에 고깃국물을 넣어서 미생물*의 발생을 관찰한 실험이야. 이 실험으로 파스퇴르는 공기 중에 미생물이 존재하고, 음식물이 미생물 때문에 부패*한다는 사실을 증명했어.

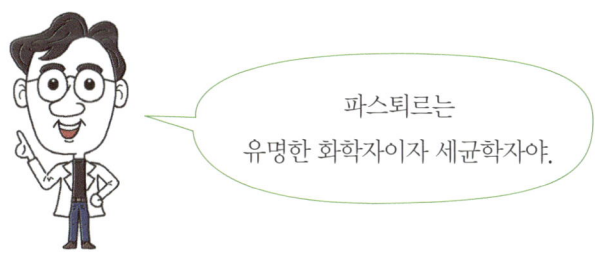

파스퇴르는 유명한 화학자이자 세균학자야.

파스퇴르는 이렇게 눈에 보이지 않는 미생물의 존재를 확인한 과학자로 유명하지. 파스퇴르는 가벼운 병을 앓아 큰 병을 예방한다는 제너의 아이디어에서 영감을 얻었어. 다른 전염병의 백신도 비슷한 방법으로 만들어 보기로 했지. 맨 처음 닭 콜레라 백신에 도전했어.

먼저 콜레라에 걸린 닭에서 균을 분리하여 건강한 닭에게 주

* **미생물**: 세균, 효소 등의 눈으로는 볼 수 없는 아주 작은 생물.
* **부패**: 단백질이나 지방이 미생물에 의해 분해되는 현상.

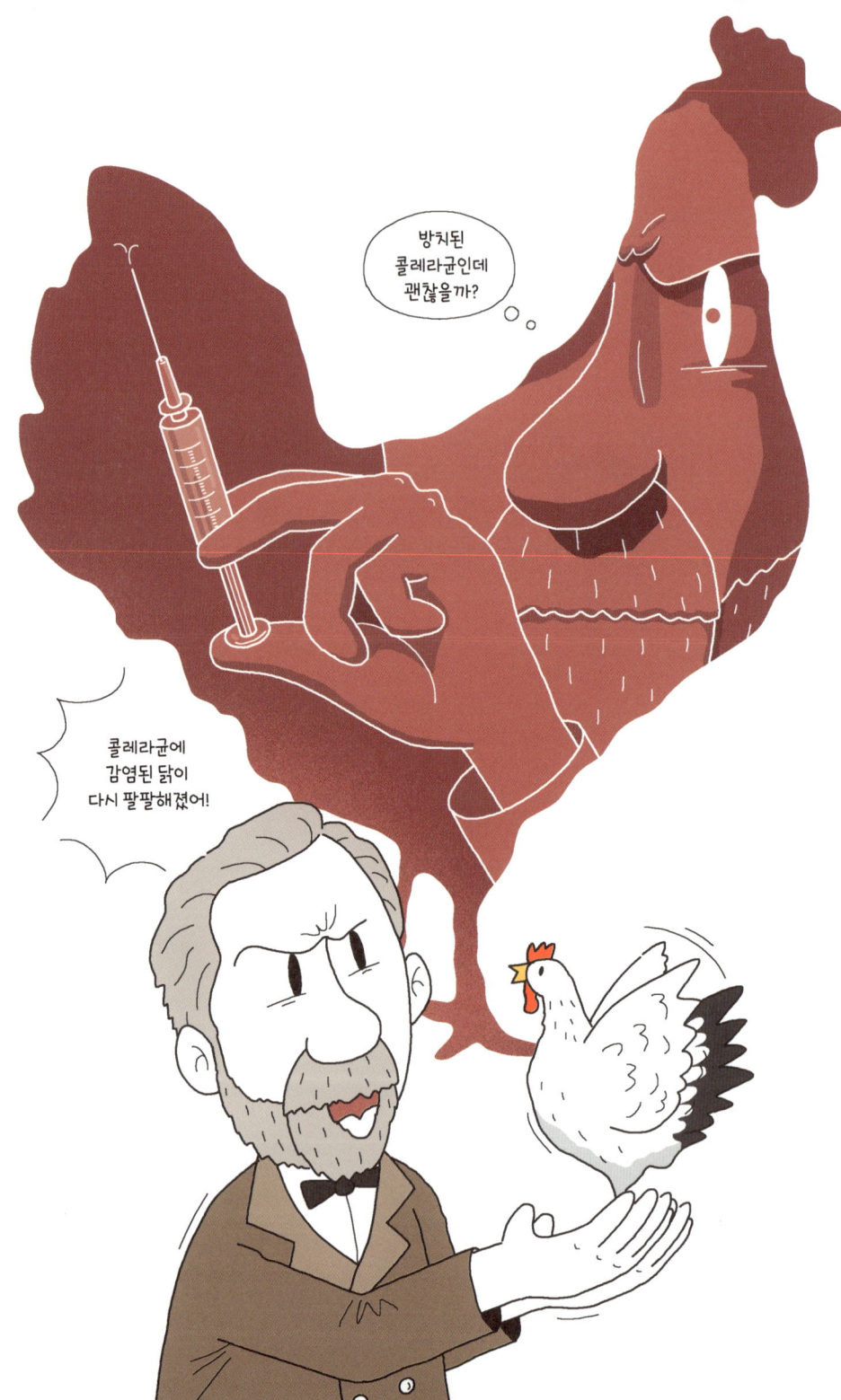

사하는 실험을 했어. 처음에는 닭들이 콜레라에 걸려 죽고 말았지. 그런데 실험 과정에서 실수로 며칠이나 방치된 콜레라균을 주사했더니 닭들이 시름시름 앓다가 죽지 않고 살아난 거야. 이것을 본 파스퇴르는 콜레라균의 독이 약해진 상태(약독화)에서 주사하면 닭들이 내성을 가지게 되었다는 것을 알아냈어.

'약독화'는 감염병의 원인이 되는 병원체를 끓이거나 햇볕에 말려서 독성을 줄이고, 허약해진 병원체를 주사해 병을 가볍게 앓아 면역을 얻는 현상이지.

탄저균 백신도 비슷한 과정으로 개발했어. 탄저균에 감염되면 걸리는 탄저병은 숯처럼 검은 부스럼이 생기는 것을 보고 붙인 이름이야.

이게 바로 약독화 과정이란다

파스퇴르는 사람들이 다 볼 수 있는 공개적인 장소에서 동물을 대상으로 탄저병 백신 실험을 했어. 양 24마리, 염소 1마리, 소 6마리에게 1차로 약한 탄저균이 들어 있는 백신을 주사했어. 2주일쯤 지나 2차 탄저균 배양액을 추가로 주사했지.

이번에는 비교를 위해 백신을 맞지 않은

동물들도 데려왔어. 두 번째 그룹인 양 24마리, 염소 1마리, 소 4마리에게도 탄저균 배양액을 주사했지.

결과적으로 탄저균 백신을 맞은 동물들은 탄저병에 걸리지 않고 모두 살아났지만, 백신을 맞지 않은 두 번째 그룹의 동물들은 거의 다 탄저병에 걸려서 죽거나 심한 탄저병 증세를 보였어.

콜레라균도 그렇고 탄저균도 아직 실험 단계였기 때문에 백신이 균일하게 좋은 품질은 아니었어. 오염되거나 순도가 떨어지는 백신이 있었고, 백신을 맞은 동물이 죽는 일도 있었지. 여전히 사람들은 백신의 효능에 의심의 눈초리를 거두지 않은 상태였어.

파스퇴르는 광견병 백신 덕분에 명성이 높아졌어. 광견병은 개에게 걸리는 병이야. 광견병에 걸린 개에게 사람이 물리면 사람도 같은 증세가 나타나. 심하면 호흡 곤란으로 죽게 되는 대표적인 인수 공통 전염병이야.

파스퇴르는 토끼와 개를 대상으로 광견병 백신 실험을 했기 때문에 사람에게도 효과가 있을 거라는 자신이 있었어. 하지만 목숨을 내놓고 광견병 백신을 맞으려고 하는 사람은 아무도 없었지.

루이 파스퇴르의 초상화

그러던 중 어떤 부부가 개에게 물린 아들을 데리고 파스퇴르의 실험실에 찾아왔어. 광견병은 의학이 발달한 현재도 빨리 백신을 맞지 않으면 치사율이 100%에 이르는 몹시 위험한 병이야. 아들을 그대로 놔두었다가는 죽을지도 모르니까 마지막으로 파스퇴르를 찾아온 거지.

천만다행으로 이 소년은 광견병 백신을 맞고 증세가 호전되었어. 이것이 최초의 광견병 백신 접종이야.

파스퇴르는 의사는 아니었지만, 사람들의 생명을 의사보다 더 많이 구한 사람이야. 역사상 가장 위대한 과학자를 뽑을 때 절대 빼놓을 수 없는 인물이지.

알프레드 노벨은 노벨상을 만들면서 가장 먼저 상을 받아야 할 사람으로 파스퇴르를 손꼽았어. 노벨상은 살아 있는 사람에게만 수여하는 상이라 아쉽게 수상을 하지 못했지. 파스퇴르는 백신의 아버지라 불리고 있어.

이후로 동물의 전염성 질병을 연구할 때 직접 그 동물에 병원균을 주사해서 결과를 관찰하는 현재의 동물 실험이 보편화되었어.

🐾 동물 실험은 꼭 필요할까?

제너가 접종한 우두 고름에 파스퇴르는 '백신(vaccine)'이라는 이름을 붙였어. 백신은 암소라는 뜻의 라틴어 바카(vacca)에서 유래했다고 해. 소에서 치료제를 만든 제너를 기억하기 위해 붙인 이름이지. 파스퇴르가 백신을 만든 이후 지금까지 수많은 백신이 개발되었어.

아기가 태어나면 몇 년에 걸쳐서 결핵(BCG), B형 간염, 뇌수막염, 소아마비, 폐렴구균, 디프테리아, 파상풍, 백일해, 수두, 홍역 등 다양한 백신을 맞아. 백신 덕분에 100년 전보다 영유아 사망률이 크게 줄었고, 인간의 평균 수명도 늘어나는 전환점이 되었지.

인류는 이렇게 동물 실험을 통해 의약품의 원료가 되는 재료를 얻기도 하고, 새로운 치료법이 효과가 있는지 확인하고 있어. 의약품뿐 아니라 화장품이나 식품, 농사에 사용하는 살충제나 살균제 등이 사람에게 미치는 영향을 알아보는 데도 동물 실험을 활용하고 있지.

 앞으로도 암 치료나 유전자 치료, 장기 이식, 인공 관절 등 첨단 의료 분야에서 동물 실험은 꼭 필요하다고 생각해.

그러나 동물도 인간처럼 감정이 있고 고통을 느끼기 때문에 동물 실험에서의 윤리적 문제를 지나칠 수 없지.

유럽 연합은 2003년 화장품 완제품을 대상으로 하는 동물 실험을 제한했고, 이어서 2013년에는 모든 화장품 원료에 동물 실험을 금지했어.

미국 환경보호청도 오는 2035년부터 동물 실험을 전혀 하지 않겠다는 파격적인 선언을 했어. 동물 실험을 줄여야 하는 점에서 공감하고 있었기에 예상보다 빨리 실행에 옮기는 거야.

동물 실험을 줄여야 한다는 것은 과학자들뿐만 아니라 일반 사람들도 동조하고 있지. 실제로 이런 선언으로 동물 실험의 양과 횟수가 줄어들기도 했어.

우리나라도 2015년부터 화장품 동물 실험을 금지하고, 이를 어기면 과태료를 부과하도록 하고 있어. 일부 예외 조항을 두어서 어쩔 수 없는 경우에는 동물 실험을 허용해.

예를 들어 화장품을 다른 나라로 수출할 때 그 나라에서 동물 실험을 요구한다거나, 동물 실험을 대체할 수 있는 실험을 하기가 곤란하다고 판단되면 식품 의약품 안전처 처장의 허가를 받아 실험을 하기도 해.

동물 실험을 대체하는 방법도 계속 연구하고 있어. 예를 들면 생체외피부흡수시험, 소 각막을 이용한 안점막자극시험법, 닭의 안구를 이용한 안점막자극시험법, 인체각막유사 상피모델을 이용한 안자극시험법 등이 있지.

무슨 말인지 조금 어렵지? 예전에는 살아 있는 동물에게 한 실험을 이젠 죽은 동물의 기관을 이용하는 방법이야. 계속해서 동물 실험을 대체할 수 있는 방법을 찾을 수 있을 거야.

동물들이 정말 고통을 느낄까요?

아마, 그럴 거야.
그래서 무분별하게 동물 실험을 하지 않도록 규칙을 정해 두고, 동물을 대체하거나 최소화할 수 있는 방법을 끊임없이 연구해야 해.

동물 실험이 없으면…

　제너가 천연두 백신을 사람에게 사용하겠다고 했을 때는 거부하는 사람이 더 많았어.

　"천연두에 걸리지 않으려고 일부러 천연두 균을 몸에 넣는다고? 말도 안 돼!"

　"천연두 백신을 맞으면 사람이 소처럼 변한다고 하던데?"

　"소처럼 머리에 뿔이 솟아나는 거 아냐?"

　황당한 소리처럼 들리겠지만 실제로 사람들은 그렇게 생각했어. 아무리 효과가 검증되었다고 해도 동물의 몸에서 뽑아낸 무언가를 사람에게 집어넣는다는 건 불결하고 성스럽지 못하다고 생각했지.

제너의 천연두 백신 풍자 그림
〈새로운 예방 접종의 놀라운 효과〉 제임스 길레이

20세기 초까지만 해도 약물 안전성에 관한 규제가 거의 없었어. 제약 회사에서는 동물 실험을 하지 않고도 약을 만들어 판매할 수 있었지. 1937년, 약의 안전성에 심각한 경종을 울린 설파닐아마이드 사건이 일어났어.

설파닐아마이드는 연쇄상구균 감염 치료에 쓰이는 약이야. 알약으로 판매하고 있던 설파닐아마이드는 안전한 약으로 별다른 문제가 없었단다. 그런데 제약 회사에서 알약을 물약으로 만들어서 문제가 되었어. 물약으로 만들기 위해 어떤 물질을 사용했지. 이 물질은 지금으로 말하자면 자동차 엔진에 넣는 부동액 성분인 디에틸렌글리콜(DEG)이었어.

당시에는 디에틸렌글리콜이 어떤 성분인지 독성 실험(동물을 대상으로 한 실험)을 거치지 않고도 약을 판매할 수 있었기 때문에, 디에틸렌글리콜이 들어간 액상 설파닐아마이드를 복용한 100여 명이 사망하는 사건이 발생한 거야.

이 사건을 계기로 미국 식품의약국(FDA)에서는 약을 판매하려면 반드시 동물 실험을 해야 한다는 법이 만들어졌지. 그 뒤로 한동안 설파닐아마이드 사건과 같은 큰 사건은 일어나지 않았어. 사람이 복용하는 약이라면 의무적으로 동물 실험을 통해서 안전하다는 합격을 받아야 판매될 수 있었거든.

그런데 미처 예측하지 못한 또 다른 사건이 터졌어. 1950년대 후반에 일어난 탈리도마이드 사건이야. 탈리도마이드는 독일에서 생산된 약으로 진정제나 수면제로 사용했어. 임신부들의 입덧을 가라앉히는 효과가 있다고 소문이 나서 인기가 많았어. 당연히 임신부들이 많이 복용했지. 안타깝게도 이 약을 복용한 임신부들이 팔다리가 없거나 짧은 아이를 낳았다는 공통점이 발견되었어.

탈리도마이드는 독일을 비롯한 유럽 여러 나라, 호주, 일본

동물 실험도 했는데 왜 이런 일이 일어났나요?

동물 실험을 했다고 해서 사람에게도 안전하다는 보장은 할 수 없단다.

등으로 수출되었는데, 공교롭게도 이 나라들에서 기형아 출산이 증가했던 거야. 조사 결과 약이 원인으로 밝혀지고 즉시 판매를 금지했어.

동물 실험 기준을 충족해 안전성은 물론 효능도 확인하고 판매했는데 어떻게 이런 일이 일어났을까?

탈리도마이드를 개발할 때 생쥐를 대상으로 독성 실험을 했다고 해. 결과는 안전해 보였지. 생쥐에게 체중 1kg당 5,000mg을 먹였는데 아무 문제가 없었거든.

하지만 쥐에게 안전한 약이 사람에게 안전하다는 가설로는 부족했던 거지. 성급한 결정을 내렸던 거야.

이 탈리도마이드 사건으로 약물의 안전성을 강화하기 위한 동물 실험의 중요성이 부각되었어. 간단한 동물 실험은 다양한 종류의 동물로 대상을 확대하고, 약의 농도와 분량 등을 세분화하여 여러 단계로 설계했지.

특히 다음 세대까지 독성이 전달될 수 있는 생식과 관련한 동물 실험은 더욱 세심한 주의가 필요해.

지금 이 순간에도 많은 과학자가 새로운 질병을 극복하고, 기존 질병에 대처하는 예방책 마련과 치료제 개발에 힘쓰고 있어. 물론 실험동물이 인류를 위해 치른 희생을 늘 기억하고, 동물 실험을 대신해 정확한 결과를 낼 수 있는 기술이 개발되기를 누구보다 기다리고 있단다.

우리나라 수의학은 언제 시작되었나요?

우리나라의 수의학 역사는 생각보다 훨씬 오래됐단다.

옛날에는 말이 매우 중요한 동물이었어. 전쟁에도 필요했고, 이동 수단으로도 이용했지. 그래서 말을 잘 돌보고 치료하는 것을 매우 중요하게 생각했어.

조선 시대에 이미 동물 의학책이 있었다는 사실을 알고 있니?

1399년에 편찬된 《신편집성마의방》이라는 책인데, 말의 종류는 물론 치료하는 방법을 자세히 적어 놓았어. '신편'이라는 말이 붙은 걸 보면, 이전에도 비슷한 책이 있었다는 뜻이니 그보다 더 오래전부터 동물 의학 지식이 있었다는 걸 알 수 있지.

동물을 돌보고 치료한 최초의 기록은 1076년에 나타나. 무려 950년 전인 고려 시대야. '수의박사'라는 직업이 기록되어 있지. 고려에는 동물을 관리하는 특별한 관청도 있었어. '사복시'라는 곳에서는 말을 관리했고, '전구서'라는 곳에서는 소와 같은 가축을 관리했어. 심지어 궁중에서 타는 말을 특별히 관리하는 '봉차서'라는 곳도 있었단다.

정말 놀라운 것은 고려 시대에 이미 동물들에게 먹이를 주는 기준이 있었어. 1159년에 만든 '축마료식'이라는 거야. 말에게 하루에 얼만큼 사료를 줘야 하는지, 계절별로 어떤 먹이가 필요한지 자세히 정해 놓았어. 봄, 여름처럼 푸른 풀이 나는 계절과 가을, 겨울처럼 마른 풀 밖에 없는 계절에 따라 다르게 먹이를 주도록 했지.

이렇게 우리 조상들은 아주 오래전부터 동물을 체계적으로 관리했지. 지금의 수의사처럼 동물을 사랑하고 잘 돌보았던 게 아닐까?

5장 내 반려견을 복제할 수 있다면

- 동물 복제란?
- 복제 양 돌리의 탄생
- 동물 복제가 가져다줄 희망
- 죽은 반려동물을 복제할 수 있다면?
- 특별한 나의 첫 반려견

동물 복제란?

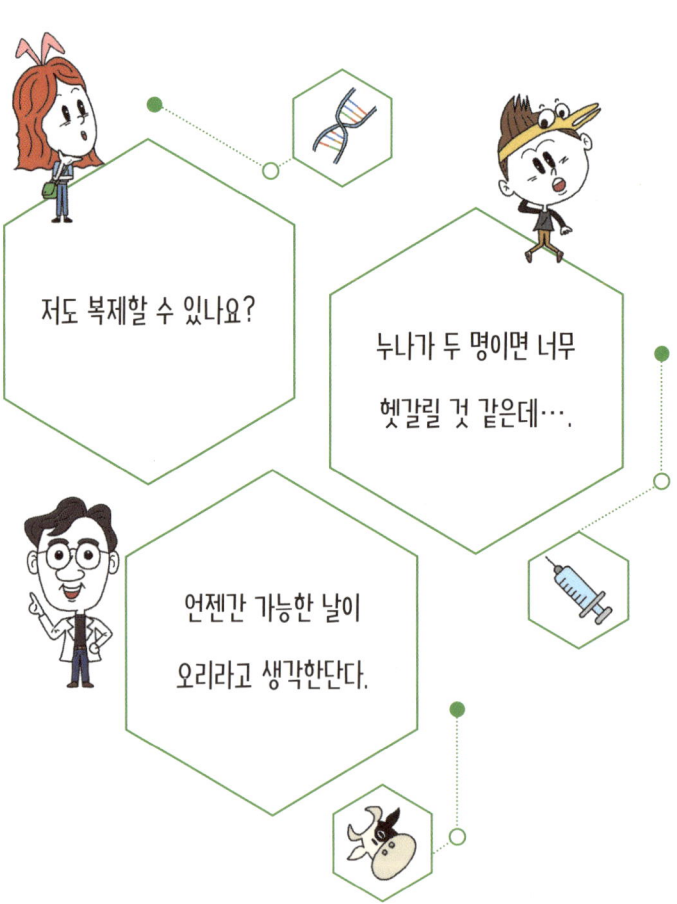

역사상 맨 처음으로 복제된 동물은 무엇일까?

이런 질문을 하면 '양'이라고 대답하는 사람이 많을 거야. 돌리가 워낙 유명하니까! 1997년에 나온 '세계 최초의 복제 양 돌리 탄생!' 뉴스는 정말 세계를 깜짝 놀라게 했거든.

하지만 돌리가 처음으로 복제된 동물은 아니야. 생물의 발생과 성장에 호기심 많았던 과학자들은 돌리가 태어나기 수십 년 전부터 복제를 연구해 왔어.

1963년에 영국의 생물학자 존 거든이 개구리1의 난자 세포에서 핵을 뽑아내고, 그 자리에 올챙이(개구리2)의 창자 세포에서 빼낸 핵을 바꾸어 넣는 방법으로 개구리 복제에 성공했어. 올챙이의 유전 정보가 그대로 복제된 개구리2가 탄생한 거지.

하지만 일반 사람들에게 그다지 큰 관심을 끌지는 못했어. 개구리 같은 양서류는 아무래도 포유동물과 비교하면 하등 동물에 속하기도 하고, 실험실에서 동물을 복제할 수 있다는 의미를 제대로 이해하지 못했으니까.

잠깐, 그럼 복제는 어떤 뜻일까?

복제란 똑같은 걸 만드는 거야. 모나리자의 그림을 복제한다거나 게임 캐릭터를 복제하는 것처럼 일상생활에서도 많이 쓰이는 말이지. 과학에서는 '생물 복제'를 뜻해. 살아 있는 생물과 똑같은 정보를 가진 새로운 생명체를 만드는 거지.

생물 복제는 세포 안의 핵을 이용해. 생물의 몸은 세포로 구성되어 있고, 세포 안에는 핵이 있지. 핵 안에는 염색체가 들어있고, 이 염색체 안에는 유전자가 들어있어. 이 유전자가 바로 우리 몸의 모든 정보를 갖고 있어. 핵을 빼서 새로운 생물을 만들면 유전 정보가 그대로 옮겨진 생물을 만든다는 말이야. 그러니까 생물 복제는 곧 유전자 복제라고도 할 수 있지.

생물 복제 기술은 크게 두 가지로 나눌 수 있어.

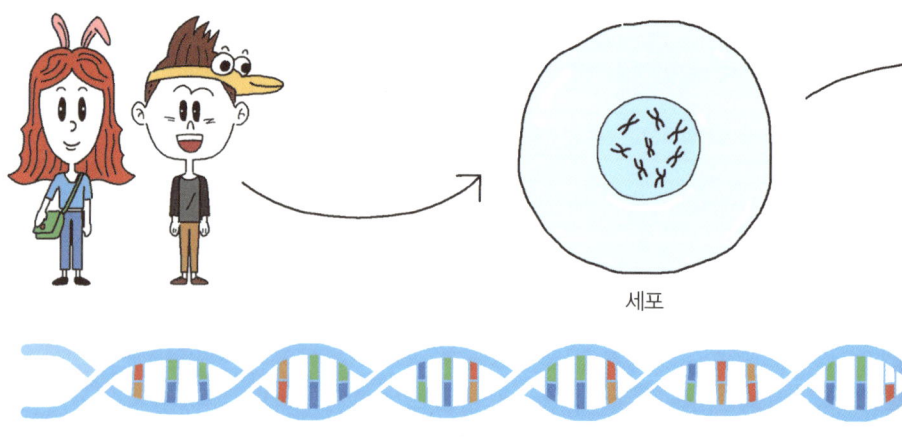

세포

수정란 복제

하나의 수정란을 나누는 거야. 세포가 분열하면서 동일한 세포가 두 개가 되는 순간이 있어. 체외 수정된 배아(이걸 1세포라고 해)는 약 하루가 지나면 세포 분열을 해서 2세포가 돼. 이때 2세포 배아를 물리적으로 분리해서 각각의 배아세포로 만들어. 원래 하나였던 세포는 이제 두 개의 배아세포가 되어서 각각 성체로 성장하지. 배아에서 세포 하나하나를 분리하여 각각 별도로 배양하면 세포 하나하나는 각각 완전한 개체로 발전해. 이때 각각의 개체의 DNA는 모두 같지. 이런 현상은 우리가 일상에서

접할 수 있는 일란성 쌍둥이가 발생하는 과정과 똑같아.

체세포 복제

핵을 제거한 난자에 복제할 동물의 체세포를 넣는 거야. 정자와 난자의 결합 과정이 없지. 생식세포가 아닌 체세포, 즉 몸에서 떼어 낸 체세포를 사용해. 체세포 복제는 난자와 정자가 결합하는 수정 과정 없이도 생명체를 탄생시킬 수 있는 기술이야. 체세포를 이용해 만든 복제 수정란에 있는 세포의 유전 정보는 체세포를 제공한 동물의 DNA와 같아.

수정란 복제와 체세포 복제의 차이점을 알아볼까? 먼저 수정란 복제는 수정란 각각의 유전 정보를 확실히 알 수 없어. 왜냐하면 이 복제 세포의 원본도 아직 태어나기 전의 세포일 뿐이니까. 그래서 나중에 어떤 형질을 가진 동물이 되는지 확인되지 않은 상태로 복제를 하는 거지.

하지만 복제를 할 때는 특정 형질, 예를 들어 어떤 질병에 잘 걸리지 않는 특징을 가진 동물을 똑같이 만들어 내는 게 좋겠지. 그래서 형질을 정확히 확인할 수 있는 다 자란 동물을 복제하는 체세포 복제가 의미가 더욱 크다고 할 수 있지.

그전까지는 자연적인 탄생과 비슷하게 수정란인 배아세포만 자궁에서 착상되어 태어날 수 있다고 생각했어. 이미 어른이 된 동물을 복제해서 아기로 태어나게 하는 건 마치 시간을 되돌리는 것처럼 불가능하다고 여겼지. 그래서 체세포 복제 기술을 이용해서 태어난 돌리는 다 자란 동물의 복제는 불가능하다고 생각했던 기존의 이론을 뒤엎은 대사건이야.

엄격하게 말하면 돌리는 세계 최초의 '체세포' 복제 포유류 동물이야. 요즘에는 복제 동물이라고 하면 대부분 체세포 복제 기술을 이용하니까 돌리가 세계 최초의 복제 포유류 동물이지.

 복제 양 돌리의 탄생

돌리는 1997년 스코틀랜드의 로슬린 연구소에서 태어났어. 먼저 돌리의 복제 과정을 살펴보자.

1단계: 다 자란 양1의 젖샘 조직에서 핵을 가진 체세포를 분리 배양한다.

2단계: 양2의 난소에서 난자를 꺼내서 핵을 제거한다. 이때 아주 작은 주삿바늘로 빨아들이는 방법을 이용한다.

3단계: 핵을 제거한 양2의 난자에 양1의 체세포를 옮겨 심는다.

4단계: 새로운 체세포와 난자가 잘 붙을 수 있도록 전기적인 충격을 주어서 수정란(복제 배아)을 만든다.

5단계: 건강하게 자란 수정란을 대리모인 양3에게 이식한다.

6단계: 양3의 뱃속에서 자란 새로운 양이 태어난다.

양3에게서 태어난 양이 바로 돌리란다.

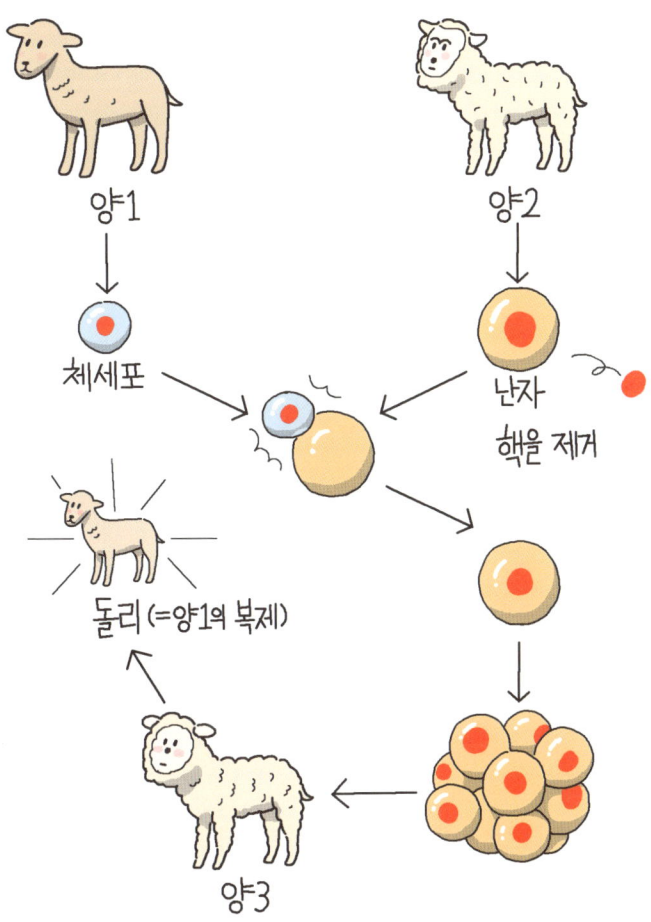

돌리의 탄생에서 중요한 역할을 한 양은 모두 세 마리야. 그렇다면 돌리는 세 마리의 양 중에서 어떤 양과 닮았을까? 정답은 양1이란다.

양1은 체세포를 제공한 양, 양2는 난자를 제공한 양, 양3은 대리모 양이야. 양1의 체세포 속 핵에 들어 있는 DNA가 그대로 돌리에게 전해졌으니 돌리는 이 양과 생긴 모습이 닮았지.

그런데 돌리를 만들 때 딱 세 마리의 양만 사용했다고 생각하는 건 아니겠지? 수정란이 대리모 양의 자궁에 안전하게 착상될 때까지 수백 번의 실패가 있었어. 마침내 277번째 시도한 수정란이 잘 자리를 잡아서 돌리가 태어난 거야.

돌리가 태어난 이듬해인 1998년에는 복제 소와 쥐가 태어났어. 뒤이어 염소, 돼지, 고양이, 노새, 말, 개, 패럿, 낙타, 족제비 등 포유류를 포함한 20여 종의 동물이 체세포 복제를 통해 태어났지.

우리나라에서도 1999년에 체세포 복제 젖소인 영롱이와 한우 진이가 태어났고, 2005년 4월에는 세계 최초의 복제 개 스너피가 태어났어.

돌리의 탄생 이후 약 10년 동안은 이처럼 복제 동물 연구가 엄청나게 활발하게 이루어졌지. 그런데 인간과 가장 비슷한 영장류, 바로 원숭이 복제는 좀처럼 성공하지 못했어.

1999년에 붉은털원숭이를 복제했는데 체세포 복제가 아니라 일란성 쌍둥이처럼 배아를 분할하는 수정란 복제 방식이었어. 2018년에 중국 과학원의 연구진이 원숭이 복제에 성공했고, 2020년에는 기존의 체세포 복제 기술에 새로운 기술을 더해 붉은털원숭이가 태어났어. 2025년 현재까지는 잘 자라고 있다는 소식을 전했지.

사실 사람의 질병을 연구하기 위해서는 원숭이를 통해서 이해하는 것이 가장 빠르고 정확해. 원숭이와 같은 영장류는 인간 게놈과 다른 어떤 동물보다도 비슷하기 때문이지.

동물이나 사람의 질병을 연구하는 과학자들은 복제한 원숭이를 실험동물로 삼아 다양한 질병을 연구하고 싶어 해. 그동안 여러 동물 중 원숭이는 가장 어려운 복제 대상이었는데, 체세포 복제 원숭이가 태어나서 건강하게 자라고 있다는 소식은 매우 희망적이야.

동물 복제가 가져다줄 희망

"원숭이 복제 연구를 하는 최종 목적이 뭔가요?"

중국 과학원 신경과학연구소장 무밍 푸는 이렇게 대답했어.

"원숭이 복제 연구를 하는 최종 목표가 뭐냐고요? 당연히 인간 질병을 치료하는 데 도움을 얻기 위해서죠."

동물을 사랑하는 사람들에게는 눈살이 찌푸려지는 대답일 수도 있을 거야. 영국 왕립동물학대방지협회도 대변인을 통해 다음과 같은 입장을 내놓았지.

"원숭이는 단순한 연구 도구가 아니에요. 지능과 감각을 가진 인간과 닮은 영장류입니다. 인간에게 도움이 되려고 동물에게 고통을 주는 것은 올바르지 않다고 생각해요."

너희들은 어떤 사람의 의견에 더 마음이 끌리니?

'왜 동물 복제를 할까?'라는 질문에 수의학자로서의 나의 대답은 다음과 같아.

먼저 사람에게 나타나는 유전병이나 불치병을 치료하기 위해서야. 물론 같은 질병을 앓고 있는 동물에게도 도움이 된단다.

돌리가 태어난 이듬해, 과학자들은 인간의 혈액 응고 유전자를 양의 난자에 이식하는 데 성공했어. 이를 통해 복제 양 몰리와 폴리가 태어났지. 몰리와 폴리의 젖 속에는 혈액 응고 인자 IX 단백질이 들어 있어서 혈우병 치료제 연구에 이용되었어.

복제 동물을 이용하면 더 많은 양의 약품을 생산할 수 있어. 값비싼 치료제를 구하지 못하는 환자들에게는 무엇보다 반가운 소식일 거야.

두 번째는 장기 이식 연구에 활용하기 위해서야. 동물 복제 연구가 인류에게 가장 도움이 될 거라고 기대하는 주제야.

사람의 장기 이식이 가능한 기관은 신장, 심장, 간, 폐, 각막 등이야. 장기 이식을 기다리는 환자들은 많지만, 실제 이식할 수 있는 장기는 한정되어 있어. 장기 이식용 동물로 과학자들이 주목하는 것은 돼지야. 장기 이식용 돼지는 장기의 크기와 역할 등이 사람과 비슷하고, 새끼도 한 번에 많이 낳기 때문에 장기를 얻기가 수월하지.

장기 이식용 복제 돼지는 우리가 알고 있는 농장의 돼지보다 크기가 작아. 보통 돼지는 무게가 300킬로그램 정도인데, 장기 이식용 복제 돼지는 다 자라도 60~80킬로그램이거든. 그래서 미니어처 돼지라고도 해. 이름은 미니어처지만 다 자란 성인의 몸무게와 비슷하지. 몸무게가 비슷하니까 장기의 크기나 생리적인 면에서도 사람과 비슷한 점이 많아서, 돼지 질병이 아닌 사람 관련 연구에 활용할 수 있어.

2002년에는 인간에게 장기를 이식해도 거부 반응이 없도록 유전자를 조작한 장기 이식용 복제 돼지가 탄생했어. 2022년에는 돼지의 심장을 사람에게 이식하는 데 성공했지. 장기 이식 수술을 성공시키기까지 수많은 연구를 거쳐야 했어.

이 연구의 첫 단계는 인간의 조직에 적합하도록 돼지의 유전자를 조절한 '유전자 조절 돼지'를 만드는 거야. 돼지의 장기를 사람을 비롯한 영장류에 이식하면 면역 거부 반응이 일어나서 죽게 돼. 사람의 조직과 돼지의 조직은 달라서 무턱대고 이식할 수는 없어. 만약 그랬다가는 우리 몸의 백혈구가 돼지의 장기를 공격할 테니까. 그래서 돼지의 수정란에 백혈구가 공격하지 못하도록 하는 사람의 유전자를 넣는 거야. 그러면 사람의 몸에 이식해도 거부 반응이 최소화되는 장기를 만들어 낼 수 있거든.

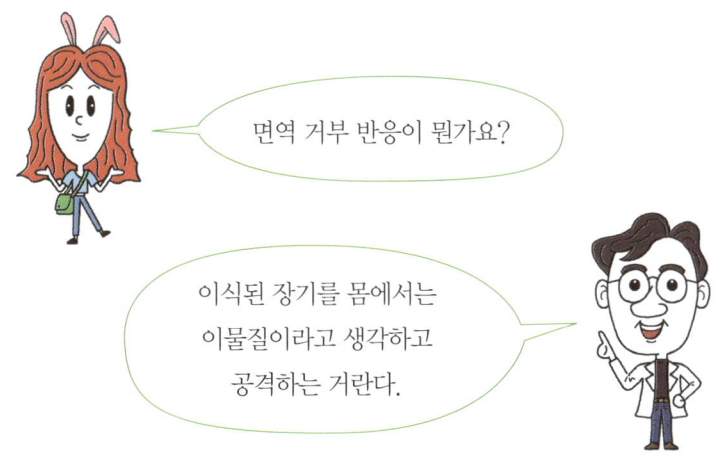

다음 단계는 이 돼지의 심장을 원숭이에게 이식하는 거야. 인간과 가장 가까운 영장류인 원숭이를 대상으로 실험을 해 보는 거지.

2018년 독일 심장센터는 돼지의 심장을 원숭이에게 이식하는 수술에 성공했고, 2022년 미국에서는 돼지의 심장을 사람에게 이식하는 수술을 했어. 하지만 이 환자는 안타깝게도 2개월밖에 살지 못했어. 돼지 심장 이식으로 면역 반응을 일으킨 것인지, 환자의 상태가 원래 안 좋아서 수술을 견디지 못한 것인지 원인은 분명하게 알 수 없었지.

이 역사적인 수술 이후로 돼지의 심장이나 신장 등의 장기를 영장류에 이식하는 연구들이 계속되고 있어. 최근에는 신장과 간 이식도 이루어졌어. 하지만 돼지 장기를 이식 받은 사람들 모두 오랜 기간을 살지 못해서 안타까움이 계속되었어. 그런데 2024년 11월에 돼지 신장을 이식 받은 사람은 이 책을 쓰고 있는 시점까지 살아 있다고 알려져 있어. 최장 기간 생존한 고무적인 결과라고 할 수 있지.

이런 결과들이 계속 쌓인다면 여러 사람에게 적용할 수 있을 날이 올거야.

동물 복제를 통해 이식을 받은 사람들이 더 오래 살 수 있는 날도 머지않아 오게 될 거야.

심장이나 신장은 구조가 매우 복잡해서 매우 어려운 이식 수술에 속해. 이에 비해 바로 적용할 수 있는 장기는 각막이야. 눈은 면역 체계가 분리되어 있어서 돼지의 각막을 사람에게 이식했을 때 면역 거부 반응이 거의 없는 것으로 알려졌어. 2010년 중국에서 최초로 사람에게 돼지의 각막을 이식한 후 지금까지 건강하게 지낸다는 뉴스가 나오기도 했어.

그 밖에도 동물 복제 기술이 발달하면 멸종된 동물이나 멸종 위기종의 동물을 복제할 수 있어. 게다가 우수한 형질을 가진 동물을 대량으로 만들어서 식량 문제를 해결할 수 있고, 단백질이 강화된 우유나 식물 영양소를 포함한 돼지고기처럼 인간에게 유용한 물질을 생산하는 동물을 만들 수 있지.

동물 복제를 통해서 이렇게 인류의 삶에 도움이 될만한 일들을 이룰 수 있어.

죽은 반려동물을 복제할 수 있다면?

반려동물이 있는 사람이라면 한 번쯤 이런 생각을 해 봤을 거야. '펫로스 증후군'이라는 말을 알고 있니? 가족처럼 지내던 반려동물을 잃은 사람은 심한 우울감과 상실감을 느낀다고 해. 이런 마음을 이해하는 사람들은 반려동물 복제를 지지할 수 있지.

실제로 미국의 어떤 유명한 가수는 반려견이 죽자 동물 복제 회사에 의뢰해서 반려견과 닮은 두 마리의 강아지를 복제했어. 그동안 동물 복제 기술과 유전자 연구가 비약적으로 발달한 덕분에 반려동물을 복제해 주는 기업체도 많이 생겼지. 지금 당장은 반려동물을 복제할 생각이 없지만, 혹시 모를 경우를 대비해서 반려동물의 체세포를 보관하려는 사람들도 많다고 해.

나는 지금은 반려견을 키우지 않지만 오래전 반려견이 세상을 떠났을 때 이 문제에 대해서 생각해 본 적이 있어. 나에게 선택권이 주어진다면 복제를 선택하지는 않을 거야. 복제한다고 해서 내가 알던 그 친구가 돌아오는 것은 아니니까. 복제 대신 그 친구와 함께 보낸 소중한 시간을 추억하는 것으로 충분하다고 생각해.

동물 복제는 수많은 동물의 희생이 뒤따르는 일이야. 복제견 한 마리가 태어나려면 난자를 제공할 개, 복제된 동물을 출산할 대리모 개 등이 필요해. 성공률을 높이기 위해 복제견 한 마리가 태어나려면 스무 마리, 서른 마리 이상의 개가 필요할 때도 있어.

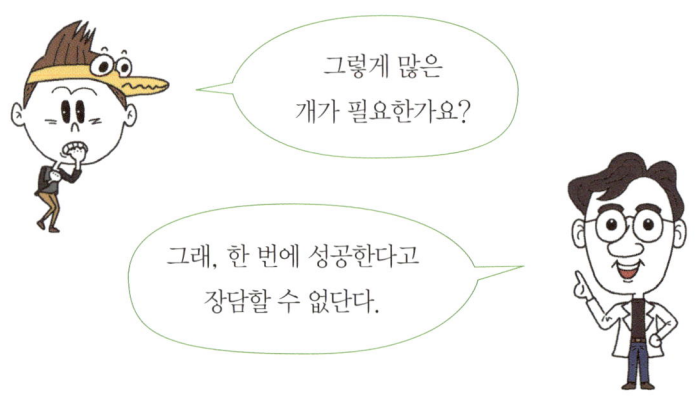

그렇게 많은 개가 필요한가요?

그래, 한 번에 성공한다고 장담할 수 없단다.

실험실에서 난자를 제공하고 인공적인 출산 과정을 겪는 과정들이 동물 학대라고 보는 견해도 있어. 반려동물 복제는 생명의 가치를 가볍게 여기는 인간 중심적인 행동이라는 반대 의견도 있지. 인간을 포함한 동물의 탄생은 수컷의 정자와 암컷의 난자가 만난 수정란에서 시작돼. 하지만 이미 태어난 동물에서 복제한 동물은 이런 자연스러운 생명의 법칙을 거스른다고 볼 수 있지.

그런데 여기까지는 반려동물 복제에 관한 생각이야.

> 실험동물로서 동물을 복제하는 연구는
> 앞에서 이야기했던 것처럼
> 충분한 목적이 있다고 생각하거든.

물론 나도 어떤 때는 수의사로서 동물을 살리고, 어느 때는 과학자로서 실험을 위해 동물을 희생시키면서 많은 갈등이 있어. 그렇다고 해도 동물 복제 기술과 관련된 윤리적 기준과 법적 규제를 제대로 지키면서 책임감 있게 기술을 발전시켜 나가야 한다는 것이 복제를 연구하는 수의학자로서의 솔직한 마음이야.

특별한 나의 첫 반려견

심바는 우연히 만나게 된 나의 첫 반려견이었어. 동물 병원에서 수의사로 근무하면서 동시에 대학원 연구실을 바쁘게 오가던 시절이었지. 어느 날 밤, 막 새끼를 낳은 어미 리트리버 환자가 들어왔어. 새끼를 다 낳은 후에도 축 늘어져서 기운을 못 차린다는 거야. 엑스레이를 찍어 보니 배 속에 죽은 새끼 한 마리가 있었어. 서둘러 응급 수술을 해서 죽은 새끼를 꺼냈지.

며칠 후 리트리버의 보호자에게 연락이 왔어. 어미는 많이 회복되었는데 새끼가 여러 마리라서 힘드니, 혹시 키우고 싶은 사람이 있다면 소개해 달라고 하는 거야. 나는 수술하면서 꺼낸 죽은 강아지가 떠올라서 얼른 손을 들었지. 그렇게 내 곁으로 오게 된 두 달

된 강아지가 바로 내 반려견이 되었지. 암컷이었고 이름은 '심바'라고 지었어. 심바는 〈라이언킹〉에 나오는 수컷 사자였지만, 발랄하고 힘도 센 강아지로 자라길 바라는 마음에서 그랬지.

그때 나는 질병 모델로 활용할 복제 개를 연구하고 있었어. 2005년 세계 최초의 복제 개 스너피의 탄생을 준비했지.

스너피의 탄생은 일반적인 복제 방법과 동일하게 진행되었어. 먼저 복제하려고 하는 실험 개의 체세포 속 핵을 난자 세포에 넣어 어렵게 복제 수정란을 만드는 데 성공했지. 이제 임신이 가능한 건강한 대리모 개에게 수정란을 넣어 주는 일만 남았어.

그런데 실험 일정이 바뀌는 바람에 시기상 딱 맞는 대리모 개를 구할 수가 없었어. 그때 마침 심바가 임신 적령기라는 사실이 떠올랐지. 내 반려견인 심바가 복제 개의 대리모가 되는 설레는 순간이었어.

심바에게 복제 수정란을 이식하고 한 달 후 초음파 검사에서 임신이 확인되었어. 곧 심바를 좀 더 특별하게 관리하기 시작했지. 넓고 깨끗한 방으로 옮기고, 영양이 골고루 짜인 식단을 제공했어. 심바의 안정을 위해서 보호자인 나도 늘 곁에서 함께 지냈단다. 정말 즐거운 시간이었지.

심바는 출산 예정일이 가까워질 때까지 잘 지냈어. 그렇지만 새끼를 낳다가 사고가 일어날 수도 있어서 제왕절개를 하기로 했어. 그렇게 해서 태어난 강아지가 바로 세계 최초의 복제 개 스너피야.

스너피는 과학 잡지 《네이처》에 소개되며 세계에서 가장 유명한 개가 되었어. 사람들이 정말 체세포를 제공한 타이와 복제로 태어난 스너피가 똑같이 생겼는지 궁금해하는 바람에 국내외에서 수많은 기자가 몰려와 사진을 찍었어. 심바는 별로 궁금해하는 사람이 없었던 것 같아.

좀 섭섭하긴 했지만 다행인 점은 혹시나 건강에 이상이 있을까봐 마음 졸이지 않아도 된다는 거야. 이제 실험견이 아니라 온전히 나의 반려견으로 돌아온 것 같아서 기분이 좋았어. 게다가 그전까지는 철없는 반려견이었는데 심바가 엄청 듬직해 보였지.

스너피를 임신하고 출산하기까지 몇 개월 동안 든든한 동지애 같은 게 생겼다고나 할까? 그 뒤 심바가 늙어서 무지개 다리를 건널 때까지 나는 자주 심바에게 말해 주곤 했어.

"심바, 넌 세계 최초의 복제 개 스너피를 낳았어."

유전자 가위 기술이 뭐예요? 왜 이름이 '가위'인가요?

원하는 부분만 자르고 싶을 때 가위를 사용하지?

과학자들이 만든 '유전자 가위'는 유전자를 자르는 아주 정교한 가위야. 이 특별한 가위는 우리 눈에는 보이지 않는 아주 작은 유전자를 정확하게 자르거나 고칠 수 있단다.

사람의 몸이나 동식물의 모든 특징은 유전자라는 설계도에 의해 결정되는데, 유전자 가위는 이 설계도에서 원하는 부분만 콕 집어서 수정할 수 있어. 마치 레고 블록을 바꾸듯이 어떤 부분만 쏙 빼서 그 자리에 새로운 부분을 넣을 수 있는 거지.

이 기술로 더운 날씨도 좀 더 잘 견딜 수 있는 소, 영양 많은 우유를 만드는 소, 근육이 튼튼한 소를 만들 수도 있는 거야. 동물뿐만 아니라 더 달고 맛있는 토마토, 가뭄에도 잘 자라는 벼, 영양가 높은 밀을 만들 수 있어.

예전에는 한 생물의 유전자를 다른 생물에 통째로 옮기는 방식을 썼어. 하지만 이 방식은 책에서 한 글자를 고치려고 다른 책의 페이지

를 통째로 붙이는 것과 비슷했지. 유전자 가위는 원하는 글자만 정확하게 수정할 수 있어서 훨씬 더 안전하고 효과적이야.

2020년에는 유전자 가위를 발명한 과학자들이 노벨상을 받았어! 인류에게 큰 도움이 될 수 있는 기술이라는 뜻이지. 기후 변화로 인한 식량 부족 문제를 해결하는 데 꼭 필요한 기술이야.

하지만 우리나라는 유전자 가위 기술을 조심스럽게 대하고 있어. 새로운 놀이 기구를 처음 봤을 때의 상황과 비슷해. 재미있어 보이지만 안전한지 꼼꼼히 살펴보고 싶은 마음이 드는 거지. 걱정이 너무 과한 거 같기도 해. 유전자 가위 기술은 정확하고 안전하거든.

자전거 타기를 배울 때처럼 처음에는 조심스럽더라도 결국에는 시작해야 하는 거지. 안전 장치를 마련하고, 이미 상용화를 시작한 일본, 호주, 브라질과 같은 다른 나라들의 경험도 참고한다면 이 멋진 기술의 혜택을 누릴 수 있을 거야.

6장 진화하는 수의학

- 동물의 희생을 줄이려는 노력
- 체세포 복제 시대
- 멸종 위기 동물 복제
- 모두가 행복한 원헬스

동물의 희생을 줄이려는 노력

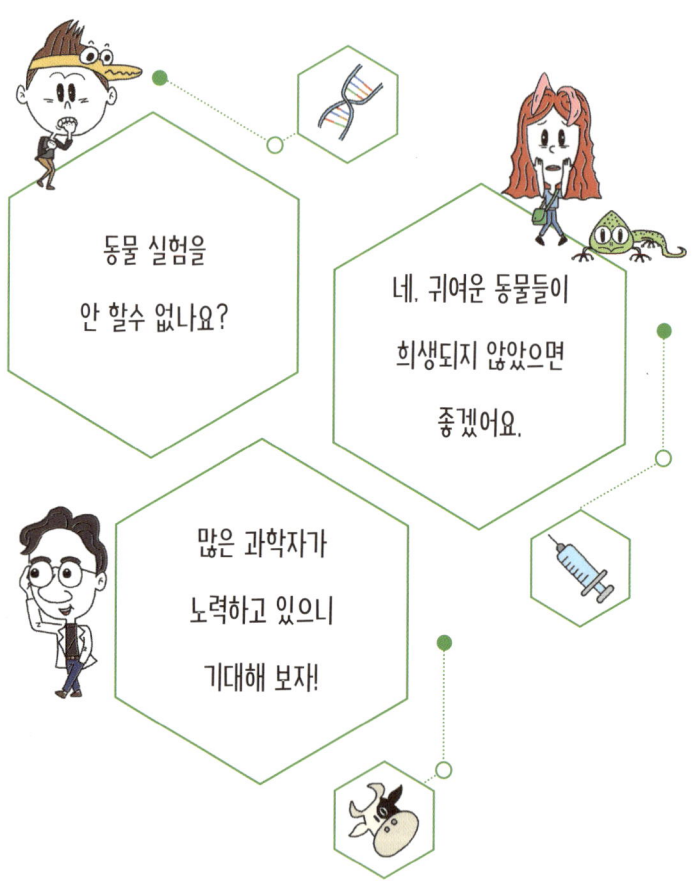

동물을 공부하고 연구하는 일은 언제나 흥미롭지만, 실험동물의 희생을 생각하면 늘 마음이 복잡하단다. 특히 인간과 가장 가까운 동물인 개가 실험동물일 경우 그런 마음이 더하지.

아직 경험이 많지 않은 연구원들은 연구하는 동안 실험견에게 정이 들어버리기도 해. 그래서 꼭 안락사를 시켜야 하는지, 한 마리만 데리고 나가 기르면 안 되냐고 묻기도 하지. 그렇지만 그들도 분명 알고 있어. 실험동물은 법적으로 실험실 밖을 나갈 수 없다는 사실을 말이야. 실험 과정에서 특정 질병이나 유전자를 갖게 된 실험동물이 밖으로 나갈 경우 생태계를 교란시킬 수 있기 때문이지*.

이런 안타까운 상황을 접할 때마다 다시금 마음에 새기는 것이 있어. 실험동물 복지를 위한 세가지 약속인 3R이야. 1959년 영국의 과학자 렉스 버치와 윌리엄 러셀이 제안한 것으로, 연구자들은 오래전부터 실험동물의 복지를 고민해 온 거지. 3R은 대체(Replace), 감소(Reduce), 개선(Refine)의 머리글자를 딴 거

---

* 2019년 동물 실험 이후 정상적으로 회복된 동물을 일반에 분양하거나 기증할 수 있도록 하는 법이 마련되었다. 관련 법령에 따라서 모든 동물은 아니지만, 분양을 해서 동물의 복지를 향상시킬 수 있게 되었다.

야. 동물 실험이 아닌 다른 방법으로 대체할 수 있는지 우선으로 생각하고, 실험동물의 수를 최소한으로 줄이며, 실험동물이 받는 고통과 통증, 스트레스를 가능한 한 줄일 수 있도록 환경을 개선하는 거야.

과학 기술이 발달하고 실험 방식도 진화하면서 3R은 점점 더 구체적으로 적용되고 있어. 변화하고 있는 동물 실험은 어떤 것들이 있을까?

우선 동물 대신 세포 모델을 이용하는 연구가 늘어나고 있어. 세포는 생물을 이루는 기본 단위이고, 세포가 모여서 생물 전체의 기능을 담당하고 있다는 사실은 알고 있겠지?

이 세포를 장기 배양*하면서, 즉 나이 들어 가는 세포를 오랜 시간 관찰하면서 세포의 특성을 파악하고, 유전 물질을 포함한 다양한 핵산*과 단백질의 기능을 알 수 있게 되었어.

결정적으로 일반 체세포가 수정란이 되고, 만능세포로 분화할 수 있는 체세포 복제에 성공한 것이 문제를 해결하는 열쇠가

---

* **배양**: 인공적인 환경을 만들어 동식물의 세포 등을 기름.
* **핵산**: 염기, 당, 인산으로 이루어진 물질로 생물의 생명 유지에 중요한 작용을 함.

되었지. 만능세포는 모든 조직의 세포로 분화할 수 있는 가능성을 가지고 있어. 만능세포는 쉽게 죽지도 않고 주변 환경의 조건을 맞추면 특정 장기의 세포로 발달해.

예를 들어 만능세포를 키우다가 이 세포를 근육으로 만들고 싶으면 세포 배양 조건을 근육세포 생장에 맞추는 식으로 말이야. 만능세포가 근육세포로 발달하면서 대량의 근육세포를 배양할 수 있게 되는데, 이 세포들을 이용해 근육에 관련한 실험을 할 수 있어. 세포가 필요할 때마다 동물에서 채취하지 않아도 된단다. 이런 방법으로 세포 연구는 동물 실험 일부를 대체할 수 있지.

다음은 컴퓨터 모델을 이용해서 실험을 진행하는 거야. 실험 동물에게 먹이는 약이나 식품을 테스트하면서 행동, 체중의 변화를 비롯해 다양한 생물학적 정보를 기록해. 자료를 통계학적으로 분석하고, 조직 병리학적으로 장기에 미치는 영향을 관찰해 결과를 발표하면서 동물 실험에 관한 자료가 점점 쌓여가는 거지. 연구 과정을 기록한 자료와 이미지를 정리해 컴퓨터에 저장해. 논문을 발표하면 도서관 데이터베이스에 저장하는 거지. 그래서 다른 사람들이 인터넷을 통해 자료를 내려받아 이용할 수 있도록 하는 거야. 저장 공간만 옮겨 다니는 거지.

연구자들은 이렇게 쌓인 수많은 자료를 공유해서 비슷한 실험을 반복하지 않고도 실험 결과를 예측하거나 실험을 대체할 수 있게 되는 거야.

또 동물 조직의 특성을 연구할 때 조직 전체가 아니라 단일세포를 분석해서 연구하는 방법이 있어. 단일세포에서 유전자를 추출해 그 유전 정보를 컴퓨터에 입력하면 컴퓨터 프로그램으로 동물 실험 결과를 예측하는 거야.

이것을 '인실리코'라고 하는데, 최근 성장하고 있는 인공 지능 기술과 결합하면서 점차 정확도가 높아지고 있어.

구글의 딥마인드가 발표한 알파폴드는 단백질 구조를 예측하는 인공 지능 프로그램이야. 세상을 바꾸는 기술이 될 것이라는 기대를 받고 있어. 최근에는 알파폴드의 기능을 향상시킨 알파폴드2, 3이 발표되었고, 이어서 또 다른 단백질 구조를 예측하는 로제타폴드도 나왔지.

최근 발표되는 인공 지능 프로그램의 능력은 놀랄 만큼 우수해서 인실리코 분석 연구는 동물 실험을 거치지 않아도 인정될 만큼 높은 정확도를 보인다고 해.

다양한 인공 지능 프로그램이 수의학에도 영향을 주고 있단다!

　이런 멋진 연구를 수행한 베이커, 허사비스, 점퍼 박사가 2024년 노벨 화학상을 공동으로 수상했어. 앞으로 인공 지능이 풀어갈 미래는 상상 그 이상이 될 것 같아!

　오가노이드도 동물 실험의 대체 실험법으로 떠오르고 있는 대안이야. 동물의 각 장기에는 줄기세포가 있는데, 그 줄기세포를 분리해서 실험실에서 배양하면 다양한 장기로 분화시킬 수 있어. 이렇게 줄기세포로 배양한 장기를 오가노이드, 쉽게 말하면 '미니 장기'라고 불러.

　특정 장기의 줄기세포를 3차원으로 배양하기 때문에 장기의 독특한 구조를 형성할 수 있지. 앞서 말한 세포 배양은 2차원 배양이라서 실제 조직의 환경과 다르고, 세포의 수명이 정해져 있어. 하지만 오가노이드는 일 년 이상 장기 배양이 가능해. 실제 조직이 외부 환경에 반응했을 때 관찰되는 현상이 단순 세포 모

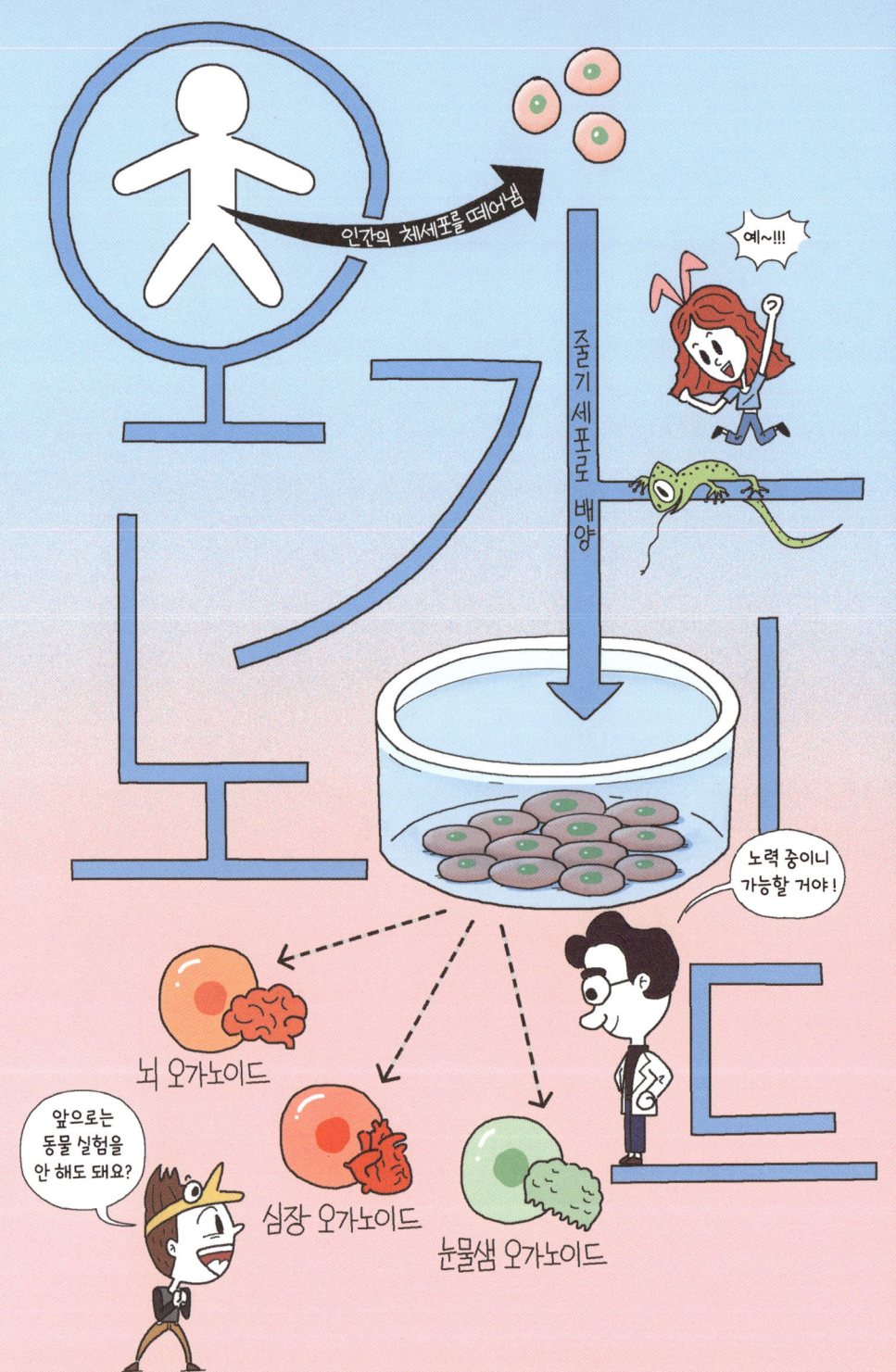

델보다 매우 높기 때문에 더욱 주목을 받고 있어.

오가노이드 기술을 활용하면 동물 실험에 사용되는 동물의 수를 줄일 수 있어. 예를 들어 돼지의 소장 세포를 실험실에서 배양해서 미니 장기를 만들어 실험하면 돼지에게 직접 바이러스나 미생물을 주입하지 않아도 간접적으로 실험이 가능한 거야.

> 세포 모델 연구, 인실리코, 오가노이드 등 동물 실험에서 동물의 희생을 최소화할 수 있는 연구들은 앞으로도 계속 발전할 거야.

안타깝게도 이런 연구들은 일부 연구에만 해당하고 아직은 동물 실험을 완전히 대체할 수준은 아니야.

만약 코로나19처럼 새로운 전염병이 나타났을 때, 새로운 병원체를 연구하고 치료제와 백신을 개발하려면 가장 빠르고 정확한 결과를 낼 수 있는 것은 안타깝게도 동물 실험이야. 여전히 동물실험과 대체 연구가 병행되고 있는 이유지.

체세포 복제 시대

동물 복제 기술은 놀라운 속도로 발전하고 있어. 그에 따라 동물의 복지나 생명에 대한 윤리 문제를 들어 우려하거나 반대하는 목소리도 커지고 있지.

어떤 윤리학자는 사람의 유도 만능 줄기세포가 돼지의 뇌에 자리 잡을 경우, 돼지의 지능이 사람처럼 높아지는 것이 아니냐고 의심하기도 했어. 다소 황당한 걱정으로 보이지만 아주 허무맹랑한 논리는 아니라고 생각해.

이런 논란 속에서도 몇몇 국가에서는 돼지에 영장류의 배아줄기세포를 이식하는 연구를 승인했단다. 물론 이식된 유도 만능 줄기세포는 초기 연구 결과만 확인하고 일정 기간 내에 폐기

하는 법을 별도로 마련했지.

  다른 동물의 장기를 사람의 몸속에 이식하는 일, 다른 동물의 몸속에서 사람의 장기를 생성하는 일 등 장기 이식 연구의 필요성은 누구나 공감하지. 하지만 인류를 위해 어디까지 과학 기술을 허용할지에 대한 윤리적인 문제를 가볍게 생각해서는 안 돼.

  특히 인간과 가까운 영장류*의 체세포를 복제하는 경우에는 국가에서 엄격하게 관리해야 한다고 생각해. 물론 지금도 사람

왜 생명 심의 윤리 위원회를 거치는 건가요?

어떤 생명이든 소중한데, 생명의 근원을 어떻게 정의해야 하는지 등 복잡하고 어려운 문제들이 있기 때문이야.

---

* **영장류**: 분류학적으로는 영장목에 속하는 포유류로 인간도 영장류에 속함. 고릴라, 침팬지, 원숭이 등이 있음.

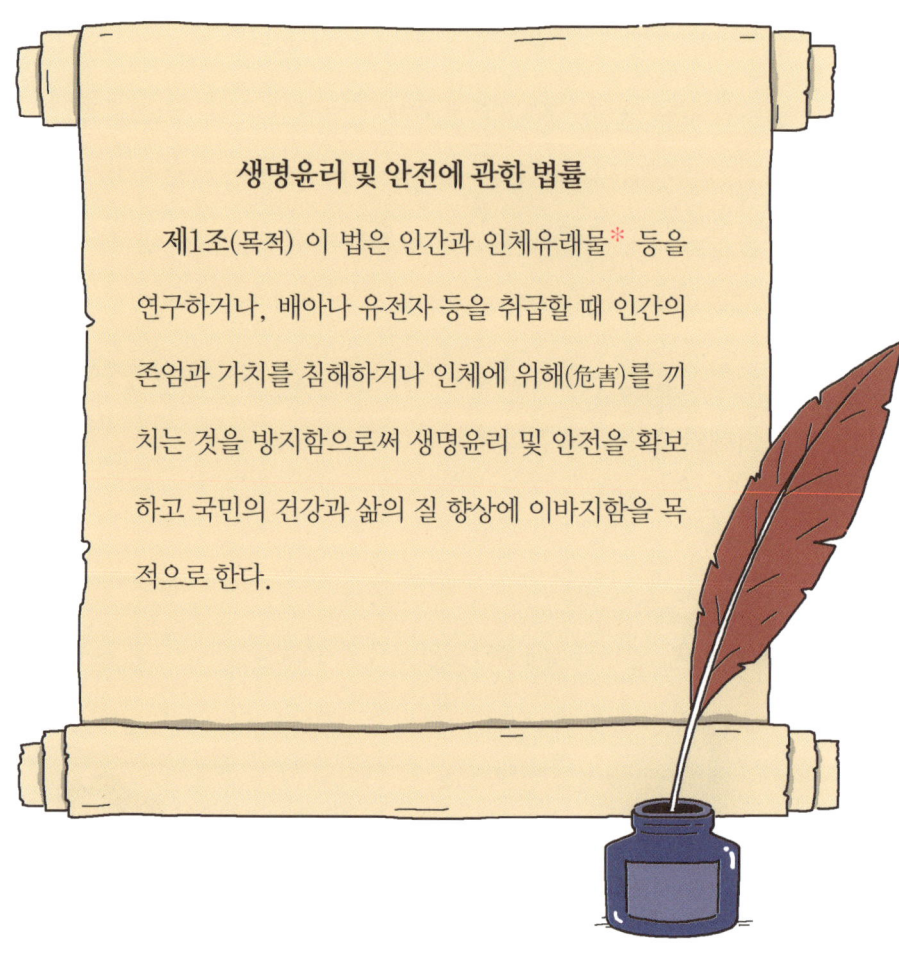

생명윤리 및 안전에 관한 법률

제1조(목적) 이 법은 인간과 인체유래물* 등을 연구하거나, 배아나 유전자 등을 취급할 때 인간의 존엄과 가치를 침해하거나 인체에 위해(危害)를 끼치는 것을 방지함으로써 생명윤리 및 안전을 확보하고 국민의 건강과 삶의 질 향상에 이바지함을 목적으로 한다.

***인체유래물**: 인체에서 채취하거나 수집한 조직, 세포, 혈액, 체액 등의 인체 구성물 또는 인체 구성물에서 분리한 혈청, 혈장, 염색체, DNA 등.

의 체세포 복제 실험은 생명 심의 윤리 위원회를 반드시 거치고 있어. 체세포 복제 실험은 인간의 난자를 대상으로 한 실험을 동반하기 때문이야.

인간의 난자를 이용하지 않는다면 생명 심의 윤리 위원회를 거치지 않아도 될까? 앞으로는 인간의 체세포를 다루는 것만으로도, 그 연구 목적이 생식세포와 관련된 것이라면 생명 심의 윤리 위원회를 거쳐야 할지도 몰라.

최근 마우스의 역분화 줄기세포를 이용해서 인공 난자를 만들고, 이 난자를 이용하여 다시 마우스가 태어나는 실험이 성공했기 때문이야. 이런 연구가 사람에게 적용되려면 아직 멀었지만 이미 사람의 체세포를 역분화 배아 줄기세포로 만드는 방법은 확립되었기에, 마우스처럼 인공 난자를 만드는 것은 예정된 흐름으로 받아들여지고 있어.

미래에는 이렇게 만들어진 역분화 배아 줄기세포에서 난자가 만들어지고, 수정되면 사람이 태어나는 일련의 과정이 가능할 수도 있어. 앞으로는 인간의 체세포를 다루는 연구의 목적이 무엇인지 확인하고, 연구를 마치면 실험 과정을 점검하는 투명한 체계가 필요한 이유지.

🐾 멸종 위기 동물 복제

칼상어, 하와이까마귀, 괌물총새, 아시아치타, 양쯔강악어, 붉은늑대, 북부흰코뿔소, 수마트라코뿔소, 보르네오코끼리, 다마가젤, 아무르표범, 갈라파고스물개, 황새, 해달….

이 동물들은 모두 야생에서 멸종되었거나 멸종 위기에 처한 동물들이야.

지금까지 집계된 바에 따르면 4만 여종에 이르는 생물이 멸종 위협을 받고 있어. 양서류가 약 40퍼센트로 가장 많고, 다음으로 상어와 가오리, 송백류(소나무류와 잣나무류), 산호, 갑각류(게, 새우 등), 포유류, 조류 순이라고 해.

기후 변화로 적응이 힘들거나 질병 때문에 멸종되는 경우가 있어. 또 사람들이 도시로 개발하려고 산림을 훼손하면서 동물들이 살 곳을 잃고, 식량이나 약재 등으로 사용하려고 과도하게 사냥하기 때문에 멸종되기도 하지. 인간의 욕심 때문에 희생되는거야. 밀렵꾼들이 몰래 사냥하는 코뿔소가 대표적인데, 코뿔소의 뿔은 약재나 장식용으로 비싼 값에 팔린다고 해.

아프리카에 주로 사는 검은코뿔소는 5,000여 마리밖에 남지 않았다고 하지. 북부흰코뿔소는 더욱 심각한 멸종 위기 상황에 처해 있어. 2018년 지구 상에 남아 있는 세 마리의 북부흰코뿔소 중 한 마리가 죽었는데, 죽은 코뿔소는 유일한 수컷이었어. 사실상 자연적으로는 번식이 불가능해 멸종이 확정된 것이나 다름없는 상황이었지. 다행스럽게 수컷이 죽기 전에 생식세포와 체세포를 분리해 놓았어. 북부흰코뿔소의 수컷 생식세포를 남은 암컷에 인공 수정하려는 시도가 이뤄지고 있어.

만약 코뿔소의 생식세포가 없고 체세포만 남은 상황이었다면 역분화 줄기세포 기술을 적용할 수 있어. 체세포를 배아 줄기세포 상태로 만들고, 그 배아 줄기세포가 분화해 생식세포가 될 수 있도록 하는 거지.

멸종 위기 동물 복원을 위해 현재 시도하는 연구 중 가장 현실적인 방법은 동종 내에서 체세포 복제를 하는 거야.

실제로 야생 양의 일종인 무플런의 경우, 무플런에서 분리해서 보존한 체세포를 양의 난자에 넣어 복제 배아를 만들어서 양에게 이식한 사례가 있어. 이 수정란은 잘 착상되어 양에게서 무플런이 태어났지.

우리나라의 멸종 위기 동물 중에서 가장 친근한 동물은 아마 지리산 반달가슴곰일 거야. 2000년 초반에는 지리산에서 살아가는 반달가슴곰이 5마리 정도였어. 그대로 내버려 두면 수십 년 내로 멸종할 상황이어서, 지리산 반달가슴곰 복원 사업이 시작되었지.

먼저 러시아와 중국 등에서 반달가슴곰과 같은 품종을 수입해서 야생에 풀어놓고, 자연스럽게 생존하여 번식하도록 하는 방법으로 진행되었지. 2018년 이후에는 생명 공학 기법인 인공 수정을 적용하여 여러 마리의 반달가슴곰 새끼들이 태어나는 등 종족 보존과 번식에 심혈을 기울이고 있어.

아직 극복해야 할 어려운 연구들이 많지만, 생명 공학 기술의 발달에 힘입어 멸종 위기 종을 복원할 수 있는 가능성을 보여준 사례야. 나아가 맘모스 복원을 위하여, 맘모스와 유전적으로 가장 가까운 동물인 코끼리의 역분화 배아 줄기세포를 완성하였고, 이 세포에 맘모스의 유전자를 바꾸는 실험 등을 하고 있다는 뉴스도 발표되었어.

모두가 행복한 원헬스

동물은 사람들에게 심리적 안정감을 줄 뿐만 아니라 식량을 제공하며, 자연 생태계를 유지하는 역할을 해. 동물과 사람은 지구라는 공동체에서 서로 도우며 함께 살아가는 관계이기도 하지.

영국의 과학자 제임스 러브록이 말한 '가이아 이론'도 같은 이야기야. 가이아는 그리스·로마 신화에 나오는 대지의 여신으로 지구를 표현하는 말이야.

러브록은 지구를 하나의 살아 있는 생명체로 생각했지. 지구에 있는 모든 생물, 무생물 등이 지구를 구성하는 유기체이므로 어느 하나가 이상이 생기면 자연스럽게 지구도 아플 수 있다고 주장했어.

 가이아 이론이 나온 지 약 30년이 지난 지금, 지구는 어떨까? 많은 공장에서 발생하는 이산화탄소 등으로 기온이 상승했고, 이로 인해 북극, 남극의 빙하가 줄어서 해수면이 높아지고 있지.

 얼마 전까지만 해도 지구온난화로 빙하가 녹으면 북극곰을 걱정했지만, 이제는 해수면이 상승하면서 사라질 섬들을 걱정해야 해. 이상 기후로 폭염, 폭우, 혹한이 지구 곳곳에서 매년 반복되는 것도 인간에게 되돌아오는 피해지.

 숲 개발로 서식지를 잃은 박쥐가 여러 단계를 거쳐 인간에게 감염병을 옮긴 코로나19와 같은 최근 여러 감염병의 사례들을 볼 때 동물의 질병을 따로 떼어서 보면 대응할 수 없어.

 지구는 하나의 거대한 생명체로서 사람과 동물, 환경이 함께 건강할 때 비로소 살아 있을 수 있어. 그런 의미에서 동물의 질병과 치료는 결국 인류의 보건과 건강을 의미하기도 해.

 한마디로 건강한 사람, 건강한 동물, 건강한 환경은 하나로 연결되어 있어. 이런 생각을 '원헬스(One Health)'라고 해.

 과거에는 동물의 질병 따로, 사람의 질병 따로, 지구의 환경

문제를 따로 생각했어. 앞으로도 언제 새로운 감염병이 발생해 인류를 위협할지 몰라. 새로운 감염병에 대응하기 위해서는 원헬스 개념을 이해하는 게 중요해. 인류가 생태계의 구성원인 이상 생태계를 보호하고 동물의 위생과 건강을 돌보며 공존에 노력해야 해.

애니메이션 영화 〈포카혼타스〉를 본 적 있니? 지구와 환경, 자연과 인간이 서로 아끼고 이해한다면 평화롭게 하나가 될 수 있다는 메시지를 담고 있는 영화란다. 주인공인 포카혼타스는 숲과 강, 나무와 바람을 사랑하는 아메리칸 원주민 여성이야. 특히 〈바람의 빛깔〉이라는 주제가가 유명한데. 가사에 담긴 뜻을 천천히 생각하면서 꼭 한번 들어 보길 바라. 우리가 동물과 식물, 지구의 환경과 결코 떼려야 뗄 수 없는 아주 가까운 존재임을 느낄 수 있을 거야.

'사람들만이 생각할 수 있다 그렇게 말하지는 마세요. 나무와 바위 작은 새들조차 세상을 느낄 수 있어요.'

어떤 연구에 관심이 있나요?

내가 관심 있는 연구는 바로 '특별한 우유를 만드는 소'야. 이게 무슨 말이냐고? 어떻게 소가 특별한 우유를 만드냐고?

먼저 소의 유전자(우리 몸을 만드는 설계도 같은 것)를 살짝 바꾸는 방법을 연구했어. 마치 레고 블록을 끼워 맞추듯이, 소의 유전자에 새로운 유전자를 넣어서 특별한 능력을 가진 소를 만든 거지. 이런 소를 '유전자 변형 소'라고 해.

처음에는 아주 흥미로운 실험을 했는데 소가 형광색을 내도록 만들었어. 마치 야광봉처럼 빛나는 소야! 이 실험에 성공하고 나서는 이런 특별한 유전자가 다음 세대에 전달되는지 확인해 보았지. 빛나는 부모 소에서 태어난 송아지도 똑같이 형광색을 가진다는 사실을 확인했단다. 이들 형광색 소 가족은 현재 엄마 소는 11살, 아빠 소는 10살, 송아지도 다 커서 8살이야! 현재까지 모두 건강하게 잘 자라고 있고, 앞으로 5년 정도 더 관찰할 예정이란다. 아주 오랜 기간 동물을 관찰하는 프로젝트가 진행되고 있는 거지.

　그리고 사람의 몸이 아플 때 치료할 수 있는 특별한 단백질이 들어 있는 우유를 만드는 소를 연구하고 있어. 이런 소가 이미 태어났지! 엄마 소가 임신하고 분만을 한 후에 우유를 분석했는데, 그 우유에 특별한 단백질이 들어 있었단다!

　내 꿈은 이 연구를 통해 우유로 약을 만드는 거야. 우유에 들어 있는 특별한 단백질로 사람들을 치료할 수 있도록 말이야. 앞으로 이 연구가 성공하면 소가 만든 우유로 다양한 병을 치료할 수 있을지도 모른단다!

서울대 교수와 함께하는
10대를 위한 교양 수업
❾ 장구 교수님이 들려주는 수의학 이야기

글 | 장구 · 박여운 그림 | 신병근

1판 1쇄 인쇄 | 2025년 4월 10일
1판 1쇄 발행 | 2025년 4월 24일

펴낸이 | 김영곤
프로젝트3팀 | 이장건 박예진 김의현 김혜지 이지현
마케팅팀 | 남정한 나은경 한경화 권채영 전연우 최유성
영업팀 | 한충희 장철용 강경남 황성진 김도연
디자인 | 디자인이팜 **제작** | 이영민 권경민

펴낸곳 | ㈜북이십일 아울북
출판등록 | 2000년 5월 6일 제406-2003-061호
주소 | (10881) 경기도 파주시 회동길 201 (문발동)
대표전화 | 031-955-2100
팩스 | 031-955-2177 **홈페이지** | www.book21.com

ⓒ장구, 2025

이 책을 무단 복사·복제·전재하는 것은 저작권법에 저촉됩니다.

ISBN | 979-11-7357-168-8 (74000)
ISBN | 978-89-509-9137-1 (세트)

* 잘못 만들어진 책은 구입하신 서점에서 교환해 드립니다.
* 가격은 책 뒤표지에 있습니다.

⚠ **주의** 1. 책 모서리가 날카로워 다칠 수 있으니 사람을 향해 던지거나 떨어뜨리지 마십시오.
2. 보관 시 직사광선이나 습기 찬 곳을 피해 주십시오.

• **제조자명**: ㈜북이십일
• **주소 및 전화번호**: 경기도 파주시 회동길 201(문발동)/031-955-2100
• **제조연월**: 2025.04.
• **제조국명**: 대한민국
• **사용연령**: 3세 이상 어린이 제품

• **일러두기** 맞춤법과 띄어쓰기는 《표준국어대사전》을 기준으로 삼았고, 외국의 인명, 지명 등은
국립국어원의 '외래어 표기법'을 따랐습니다.

• **사진 출처** 69쪽: 토고, 발토 사진_@Wikipedia 74쪽: 밴팅과 비글 사진_@Wikipedia
103쪽: 〈루이 파스퇴르의 초상화〉 앨버트 에델펠트 @Wikipedia
110쪽: 〈새로운 예방 접종의 놀라운 효과〉 제임스 길레이 @Wikipedia

특별
묻고 Q 답하고 A

강아지의 이유 없는 행동, 왜 그런 걸까?

강아지가 바닥을 핥거나 같은 자리를 빙빙 돈다면?

물론 장난일 수 있겠지만, 강아지의 건강 이상 신호일 수도 있어.

동물은 아파도 말을 못 해, 대신 행동으로 신호를 보내.

보호자가 눈치채지 못하면 작은 문제가 큰 병이 될 수 있지.

수의사는 동물의 이런 행동 변화를 보고 질병을 진단해.

그럼 사람의 심리를 추적하고 사건을 풀어가는 이들은 누구일까?

현대 과학 수사를 기반으로
논리적 사고와 정밀한 추론을 이어 가는
프로파일러의 세계!

대한민국 1호 프로파일러 권일용 교수의
어린이 추리 동화 시리즈!

1권 보러 가기

교보문고, 예스24, 알라딘 등 온라인 서점 및 전국 오프라인 서점에서 구매하실 수 있습니다.